太陽光パネル、蓄電池、超低温冷凍庫が個人備蓄の三種の神器だ

普通の冷凍庫　－20℃

超低温冷凍庫　－60℃

－60°Cの冷凍庫があれば生《な》ま物も半永久的に備蓄できる

鮎《あゆ》を5年間冷凍保存した結果だ。普通の冷凍庫と超低温冷凍庫では、5年間でこれだけの差が出る。

超低温冷凍庫は現代の“蔵《くら》”だ

品質が劣化しない。高価な食材も保管できる。無風のため食材が乾燥しない。庫内にまるまる収納できる。

－60℃のプレハブ冷凍庫

プレハブ冷凍庫。容量は1坪サイズ4725リットル。参考価格は400万～500万円。（第4章「食料を蓄える」）

まで個人備蓄のための技術が進んでいる

京セラ製3・5キロワットの太陽光パネル

値段は258万円の“2号機”。“1号機”5.2キロワットと合わせ、8.7キロワットを発電する。（第2章　「エネルギーを『自衛』する」）

パナソニックの最新蓄電池

4.65キロワット蓄電。システム全体で189万円。停電しても2日間分の電力を確保できる。（第３章「エネルギーを蓄える」）

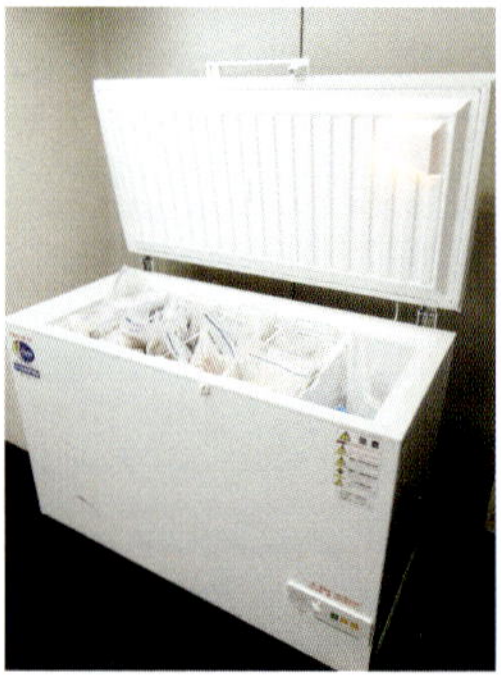

家庭用－60℃の超低温冷凍庫

容量284リットル。家庭用の100ボルト電源で使える。重さは76キロ。定価は50万円。（第4章　「食料を蓄える」）

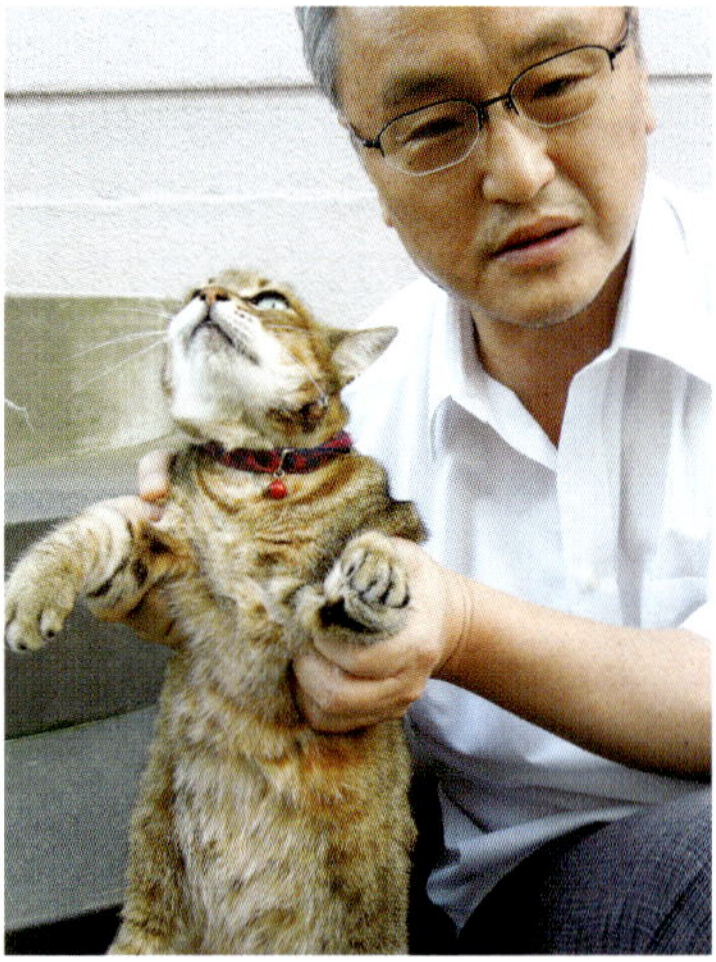

いざという時の食用（？）の飼い猫

わが家で飼っている猫。いざという時のために今からしっかり太らせている……ウソ。

私はメーカーの宣伝係ではない。だがここ

ＥＶ車は走る蓄電池だ

三菱自動車の「i《アイ》-MiEV《ミーブ》」。定価は約400万円。16キロワットの蓄電池を積んだ電気自動車だ。（第3章「エネルギーを蓄える」）

日本人の魂が宿る味噌

味噌は伝統的な備蓄品だ。家で熟成させることで、微生物が影響を与え、わが家の味になる。（第4章　「食料を蓄える」）

野菜は肥料なしでも作れる

ゼオライトを土に混ぜると、土壌菌が住んで虫が寄り付かなくなる。農薬要らず。（第5章「自分が食べるだけの野菜を作る」）

かつて日本には蔵があった

土蔵《どぞう》は消えつつある。だが、日本人には蔵に備蓄してきた歴史がある。飢饉の怖さを思い出そう。（第4章　「食料を蓄える」）

災害が起きてからでは遅い。非常用エンジン発電機で停電時に備える手もある

LPガスなら10年間備蓄できる

災害時に強さを発揮するLPガス式発電機。34キロボルトアンペアの大容量で定価は725万円。(第3章「エネルギーを蓄える」)

停電にも対応できる据え置き型発電機

据え置き型のディーゼルエンジン発電機。停電時に自動で非常用電源に切り替えてくれる。(第3章 「エネルギーを蓄える」)

キャンプ・レジャー用にも使える

ポータブルガソリンエンジン式発電機。重さは91キロ。5.5キロワットの大容量で定価は75万円。(第3章 「エネルギーを蓄える」)

私が畑から収穫した野菜だ

じゃがいも、きゅうり、ピーマンなど、自分で食べる分だけの野菜を作ることは十分に可能だ。(第5章「自分が食べるだけの野菜を作る」)

自衛自活の“要塞”を築け！

個人備蓄の時代

the era of private stockpiling

副島隆彦
Takahiko Soejima

はじめに

2011年の大地震、大津波の時、岩手、宮城、福島の東北三県で被災した人々は「避難所」に向かった。国と役所は、災害があれば必ずまとめて面倒を見ようとする。それが国、役所の仕事だからだ。災害対策という。そこには水と食料（あるいは食糧）があり、寝る場所もある。だが、そこには**ただの小中学校の体育館**があるだけだ。あんなところに何日も居られるものではない。だから、避難所をさっさと出てゆくという考え方が大事なのである。避難所にダラダラ長いことといたら、人間の尊厳と独立心が奪われる。まず、災害直後には公共の避難所に行って、最低限度の食料と安全と情報をもらうのはいい。だが、その後はすぐに自分で、自力で災難に立ち向かうという考えも大事なのである。

私は、福島第一原発の爆発（3月12日、1日おいて14日、15日に4つの原発が次々に爆発した）があった1週間後から、原発正門前まで行き放射線量を測った。その時に出会った福島原発周辺の現地の人々（住民）はみんな今も元気である。

大地震か、津波か、火山の大爆発か、土砂崩れか、あるいは都市機能の麻痺か。大災害はいつ起こるか、誰にも分からない。地震の予知を地震学者たちができないことは、はっきりしていた。今は、大災害と金融大恐慌、そして領土紛争が起こりえる時代である。自分と自分の家族の生活・生命・身体は自分で守らなければいけない。

だからその準備をする。しかも自分の力で、やれるだけの範囲でやる。できもしない過剰なことを考える必要はない。この本は、そのためのいろいろな試みを考え、紹介する本である。

副島隆彦

個人備蓄の時代——目次

第2章

エネルギーを「自衛」する

太陽光発電　震災にびくともしなかった男たち

第6章 世界で、日本で、エネルギー戦争が始まっている

中国メーカーが崩壊させる太陽光パネルの価格市場
ソフトバンク孫正義の野望

第7章　メガソーラー人気は3年で終わる

あまりにも不安定な太陽光の出力、国の主要電力にはなり得ない

第1章

個人備蓄の時代がやってきた

迫り来る有事に備え、
二軒目の家を建てる中長期計画を練る

頼りになるのは自分だけだ

災害への準備とは、まさしく備蓄である。まず、水と食料を備蓄することが基本となる。食物は腐《くさ》る。必ず腐る。私自身も自分で実践して悩んできたことだが、缶詰のたぐいでも、3年4年とほったらかすことができない。米（玄米《げんまい》）の備蓄についてはP172以下で述べる。タクワン、漬けものを瓶詰めで密封しても2年くらいが限度だ。だが、零下40℃、いや60℃の**超低温冷凍庫**を手に入れて備蓄すれば、半永久的は言い過ぎだが、30年間ぐらいは保存することができる。だから、自力でやる個人備蓄では、超低温の冷凍庫の確保が非常に重要となる。業務用ではない、個人用の超低温冷凍庫を余裕をもって家に備え付けることが大事である。

個人用＝家庭用の超低温冷凍庫は電気で動く。電気は電力会社から買っているわけだから、もしこれが停電で途絶えたらどうするか？　2011年3月11日の後、私たちは実際に計画停電という事態を味わった。またいつか起きるであろう計画停電に備えるためにも、**電力を自力で確保する時代がきた**のだ。現在、太陽光発電という、世界的な技術革命が起きている。その流れに乗るべきだ。ただし、太陽光発電（ソーラーパネル）には、まだいろいろの問題点がある。詳しくは後述する。

さらには、**蓄電池**がこの太陽光発電（ソーラーパネル）と双璧をなす。家庭用個人用の蓄電池（バッテリー）も、今後は大事なテーマとなる。ソーラーパネルで発電したものをどう蓄電するか？　東日本大震災以降、大容量の蓄電池に注目が集まっている。それらの紹介も本書P66以下でやる。ところが、である。私たちはすでに個人用の蓄電池を身近に知っている。〝ダイヤのついた蓄電池〟EV《イー・ヴィ》（electric vehicle　エレクトリック・ビークル）である。まさしく電気自動車である。

EVではないが、トヨタのハイブリッド車は日本が世界に誇る技術だ。トヨタとホンダが激しく競争しながら開発している。ハイブリッド車は都会の平地では、蓄電池に蓄えられた電気モーターで走り、馬力が必要な坂道は通常のガソリンエンジンの爆発力を使う。それをトヨタ自慢の精密なコンピューターで瞬時に切り替える。ハイブリッド車は今後4、5年はまだまだ世界一だろう。自動車の王様だ。だから、実はトヨタは、E

Vにあまり力を入れていない。あと5、6年間はハイブリッド（プリウス）で儲けたいからだ。だが、P71写真に登場する、湯浅直樹《ゆあさなおき》氏宅の三菱自動車の「i《アイ》－MiEV《ミーブ》」もあなどれない。ハイブリッド車の後、EVの時代が必ずくる。今は、ヤマダ電機などの家電量販店でもEV車が買えるようになった。「自動車も電気製品の一種だ」という考え方が生まれたのである。ただ、本当に車が電気製品になりつくせるかという問題は、今もある。

3年先、5年先を見据え、自衛自活できる態勢を作り上げる

次は農業だ。個人で農業をやる。自分で農業をやって食料を作る。営利、つまり野菜などの農産物を売って利益を出す。そんな自立した農業者になろうなどと思ってはいけない。断じていけない。農家というのは、そんなに甘いものではない。**個人備蓄者は家族と自分、そして周《まわ》りで欲しがる人の分だけの農産物を自分で作る。**これが目標となる。

個人が作った野菜なんか誰が食べるか。もらい物の野菜は嫌われる。たとえ親戚でも友人でも親友であっても、人からもらった野菜なんか誰が食べるか。気持ちが悪いと思われるのが、世の常だ。現に私の奥さんは、夫である私が作った野菜を食べようとしない（笑）。今に見ていろ、という深い決意が私の中にある。

太陽光発電を自分の家の屋根に備え付けて使い、**自力で電力を確保**する。ソーラーパネルで作り出した**電力を大容量の蓄電池に蓄える**。そして**食料を自力で食べる分だけ作り**、零下60℃の超低温冷凍庫で**食料（特に生《な》ま物）の長期保存を実現**する。この4つが、個人備蓄の柱となる。この4つは家を建てた後に取り付けてもダメだ。家を新築するときに、この4つをまとめて備え付けるのが最も効率が良い。だが、普通の人には、こんなことはできない。資金に余裕のある人しかできない。私は正直に、自分が体で分かった本当のことだけを書く。私は読者に阿《おもね》らない。どこのメーカーの手先にもならない。厳しく現実を見据えて、本当のことを書く。だから私には信用がある。

自分で注文住宅を新たに建てるのは大変なことだ。建築コストは最低3000万～4

000万円、平気でする。だが、日本は土地の値段（地価）がこれからまだまだ下がる。大地震の後、中国人が買いに来なくなったので、都会の高層アパート（タワー・レジデンス）でも、どんどん値下がりしている。全国のリゾート地も同様だ。今の価格の半値まで下落して、土地は手に入るようになる。日本は少子化で、子供の数がもっと減る。まだまだ、どんどん減る。日本の人口は、2010年が1億2800万人で、ここでピークをついて、ピークアウトした。これ以上はもう増えない。そこから毎年10万人ぐらいずつ減り始めた。さらに、これからは、1年に100万人単位で減っていくだろう。若者たちが結婚しなくなった。40歳でひとり者という男女がたくさんいる。結婚して子供を作るだけの余裕がなくなっている。だが、私のこの見方も一面的かもしれない。男と女はどうせくっつく。動物なのだから。しかし、それぞれの人間のわがままのためもあって、子供を作りたがらない。今の自分の生活水準を落としたくないからだ。

だからこれから人口が減り、土地は余る。田舎に行けば、いっぱい空いている土地がある。自分の地縁、血縁の地方に帰れば土地はいくらでも安く手に入る。だから2軒目の家（備蓄用！　災害対策用！）の建設のために、中長期の計画を練ることが大事とな

「南海トラフ地震」が襲来したら、被害規模は東日本大震災を上回る。

国の二つの有識者会議は2012年8月29日、被害想定を発表した。（中略）最悪クラスでは、東日本大震災の1.8倍の1015平方キロが津波で浸水。国が2003年に出した想定の13倍に及ぶ32万3千人が死亡と想定した。　（朝日新聞2012年8月30日）

る。

3年先でも5年先でもいい。じっくり構えて、近い将来を見据えて、何かあった時のために、食料を確保し自衛自活できる態勢を作り上げるべきである。**国内の内陸部の農業地帯や放置された分譲別荘地で**個人備蓄をすることを考えよう。家族が食べるだけの食料自給を目標とした小規模農業でいい。個人備蓄と小規模農業をおこなう仲間と集まって、"要塞《ようさい》居住区"（gated community ゲイテッド・コミュニティ）を作るのも一案である。そこで零下60℃の冷凍庫と太陽光発電を備えて、いざという時に避難して自衛自活できる態勢を築いていく。

迫り来る次の自然災害と大恐慌に備えて、自力で生き延びる道を考えるべきである。

あの白洲次郎は東京大空襲を予知し、田舎に広い農地を買い引っ込んだ

ずばぬけた賢人《ワイズマン》であった白洲次郎《しらすじろう》（吉田茂《しげる》首相の通訳、相談役。占領軍と対等にイ

私は福島第一原発の近くに
復興活動本部を作っている。
現地の住民たちはみな元気である。

今も福島にある著者の弟子たちが常駐する活動本部の中の様子。2011年6月4日から開設している。福島第一原発から真西・20キロのところにある。

ギリス貴族英語で渡り合った）は、昭和20年3月からの東京大空襲《エア・レイド》の必然性を早くも5年前から知っていた。予言者というよりも世界の政治の動きの裏側までも知り抜いていたからである。だから、奥さんの白洲正子《まさこ》さんを引き連れて、今の東京・町田市の手前の鶴川《つるかわ》に広い農地を買って引っ込んだ。そして自分で農業を始めた。

このあと日本は騙されて無謀な戦争に突入していった。食料はどんどん欠乏していった。大金持ち・資産層でも満足に食べられなくなった。政府の配給品（昭和16年から）などで生きる最下層の人々の食べ物は、とても食えたものではないのだ。昭和20年に入ると米空軍が東京をたびたび襲うようになり、本当に食料に困窮した。

この時、白洲次郎は自分とつき合いのある財界人や友人たちの家に現れ、自前で作った野菜や米を玄関にドサッと投げ込んで帰った。どんなに感謝されたことだろう。私もこういうキザで粋《いき》なことを残りの生涯でやってみようと、今から虎視眈々《こしたんたん》と狙っているのである。これが私の、個人備蓄の思想である。

第2章

エネルギーを「自衛」する

太陽光発電　震災にびくともしなかった男たち

太陽光発電システムを使い、自力で発電する①
群馬県高崎市で8・7キロワットの電気を作り出す男

3・11に起きた東日本大震災は、東北三県だけでなく、日本全国に傷跡を残した。東北地方はガソリン不足がひどかった。ガソリンが手に入らないので、被災地の海岸線では一時、自動車が大量に放置された。私はそれを目撃した。福島原発事故の周辺では、3ケ月にわたって（6月まで）ガソリン不足で普通の個人用の自動車は動けなかった。計画停電のせいもあって、乾電池やロウソク、トイレット・ペーパーをはじめとする生活必需品や基本的な食料の買いだめに奔走する人々がいた。だが、東京電力管内で起きた計画停電の影響を受けなかった男たちが存在した。彼らがどのように自衛自活の道を築いていたか。まず、そこから紹介しよう。

群馬県のJR安中榛名《あんなかはるな》駅から車で10分。梅干し、シイタケ、キウイを栽培する「ゆあさ農園」の湯浅直樹《ゆあさなおき》氏は、農家であるせいもあるが、食料、水、エネルギー、大切なも

3・11大地震のあと。この写真は1923年の関東大震災ではありません。

©時事通信

©共同通信

水、食料、ガソリン、電池。東日本大震災では、「実物」を求め長蛇の列ができた。しかし、コンビニやスーパーでは商品が底をつき、欲しい物が手に入らない。大震災から1年半が経過したが、あの時の危機感を忘れてはならない。

のは自分で作り出す術《すべ》を持ち、非常時にも動じない自衛自活システムを築き上げていた。

きっかけは1995年、阪神・淡路大震災を出張中の韓国で経験したことにあった。

「異国の地から見た日本は、食料、エネルギーを海外に依存していて、非常に不安な国に思えました。さらに私は翌年、北朝鮮を訪問して、その思いを強くしました。10日間の滞在で、白いご飯を食べられたのは1日だけでした。北朝鮮では、ホテルでは水しか出ず、頼み込んだ結果、お風呂に入れたのもたった1日だけ。停電にもたびたび遭遇し、エレベーターの中に30分閉じ込められたこともありました。その時の体験が、エネルギーと食料を自給しようと思ったきっかけです。日本だっていつこうなるか分からない、と危機感を持ったのです」

湯浅氏は、北朝鮮から帰国すると、すぐに太陽光発電パネルを設置した。さらに井戸を掘ることも決断する。

当時は、〝第一次太陽光ブーム〟ともいえる時期だった。

1994年（18年前）、通産省（現・経済産業省）が電力会社に対して出した「系統《けいとう》連系《れんけい》」という命令が、太陽光発電のターニングポイントだった。1994年までは、太陽光発電、風力、バイオマス（生物系エネルギー。「生物量《せいぶつりょう》」と訳す）などで発電したものを、既存の電力網につなぐことはできなかった。だが1994年を境に、それが可能になった。発電した電力を電力会社に買い取らせる義務を課した「逆潮流《ぎゃくちょうりゅう》」という制度が考案された。世界でも初めての画期的なことだったらしい。

〝第一次太陽光ブーム〟のさなか、あらゆるメーカーが展示会を開いた。大手でいえば、京セラ、サンヨー（現・パナソニック）、シャープ、松下電器産業（現・パナソニック）、住宅メーカーならミサワホーム。ミサワホームは米国製の太陽光パネルを採用した。湯浅氏は、ほぼすべてのメーカーの展示会を見てまわったという。

「単結晶・多結晶の違いはありました。しかし、性能的には似たりよったりでした。決め手になったのは営業マン。たまたま京セラの代理店が長野県の佐久《さく》市にありまして、そこのセールスマンが非常に熱心でした。何か質問すると翌朝8時には自宅に来てくれる。カタログがほしい、といえば持ってくる。佐久から2時間かかるんですけどね（笑）。懇切丁寧に説明してくれるので、心を打たれたのです。どうせ同じ性能なら、この人から買いたいな、と。あと、京セラの稲盛和夫《いなもりかずお》会長（当時）の思いに感動することがあったんです。〝人がやらないことをやる〟〝人がやらないレベルまでやる〟という思いですね」

1996年に、発電量5・2キロワットの〝1号機〟を導入。1枚（1メートル四方ぐらい）で145ワット発電する太陽光パネルを36枚、栽培ハウスの屋根に敷き詰めた。これで5・2キロワットの電力をまかなえる。一般家庭用ならこれで十分である。3年後の1999年には、〝2号機〟を事務所の屋根に敷き詰めた。同じ性能のパネルを今度は24枚である。発電量は3・5キロワットだ。1号機の導入から16年が経過しており、総発電量（これまでに発電し、消費し、売電した量）は、13万キロワット時を超える。

トータルで8・7キロワットの電力というものがどれぐらいすごいか？

現在、個人用の住宅に設置されている太陽光発電システムの平均容量は約4キロワットである。このことを正確に説明すると、4キロワットとは、瞬間的に4キロワットを発電する能力ということだ。これを1時間継続した場合、4キロワット時の発電量という。電力会社などで表記されるｋＷｈ（キロワット・パー・アワー）は、このキロワット時のことだ。

ソーラーパネルは技術として完成している。

（上写真）京セラ製パネルを24枚、事務所の屋根に敷き詰めている。傾斜角度は45度で効率は良くないが1号機と合わせて8.7キロワット出る。日常生活とビニールハウス栽培までこれで十分にまかなえる。（下写真）奥が湯浅直樹氏だ。

1キロワットは、1000ワットだ。家庭で使う電気製品で例を挙げると、エアコンで約1200ワット。電子レンジなら800ワット。ノートパソコンなら50ワットが消費する電力である。エアコン1200ワットを1時間使ったら、使用電力は1200ワット時となる。

平均的な4キロワットの太陽光発電システムなら、年間平均で4000〜5000キロワット時を発電する。一般家庭が年間に消費する電力は4400〜5600キロワット時という。つまり、4キロワットの太陽光発電システムなら、これで7〜9割をまかなえることとなる。8・7キロワットとなると、その2倍超ということだ。したがって、8・7キロワットあれば家庭用は十分である。パネルで60枚である。1号機と2号機のパネルは、多結晶と単結晶の違いで大きさに大差はない。

太陽光パネルは〝20年は壊れない〞ともいわれるが、実際には故障の連続だった。

「故障率は100パーセントですよ(笑)。発電量が半分以下に落ちたり、発電しなくなったり。1号機は、導入から7年後の2003年7月に、落雷でパワーコンディショナー(管理装置。以下・パワコン)が壊れました。当時、パワコンは定価で70万円くら

これが室内用パワーコンディショナー（パワコン）だ。

（上写真）パワコンは小型エアコンぐらいの大きさだ。これで直流を交流電気に変えて家庭内の電気として使う。（下写真）「ゆあさ農園」で作っている梅干し。賞味期限は1年だが、実質何年でも保存できる。これも備蓄用の食品の一つだ。

い。そんなお金はなかったので、営業マンに相談したら、すぐに来てくれまして、無料で取り換えてくれました」

パワコンとは、P33の写真にあるとおり、小型の箱である。この装置は、家の外の太陽光パネルにも、それから家庭内の配線にもつながっている。太陽光パネルで発電した直流の電気を、100ボルトの交流電気に変えるためのものである。交流に変えることで、各種の電気製品に使用することができる。

2号機は2008年、電圧がいきなり下がった。それを見ていて分かったという。

「調べてもらったら、24枚あるパネルのうち、5枚がダメ。光を電気に変えるシリコンのハンダが外れていたということで、無償で取り換えてもらえた。でも、翌2009年5月にまた電圧が下がり、残りのパネルも全部取り換えるはめになりました。だから2号機は全部取り換えました。今は工場でオートメーションで作っているそうですが、昔は手でハンダ付けをしていた。京セラの『R-421』というタイプの傾斜屋根用パネルは、そういう欠陥があって、ちょうど改良中だったらしい」

一般に、太陽光発電パネルのメーカー保証は10年間である。メーカーの公称出力の80

％を切ったら、メーカーが無償で修理・交換してくれる。しかし、10年を超えれば、自腹での修理となる。

「２号機が２度めに壊れたときは、10年保証を超えていました。でも保証してくれたうえに〝一生保証します〟といってくれた。故障はしているけど、１号機・２号機ともに、購入費用以外は払ったことがありません。『４２１』は１９９４年製だから故障がちでした。だけど、いま生産されているパネルなら、おそらく半永久的に使えると思います。ただ、パワコンの方は変圧器のような電気製品ですので、間違いなく壊れます。10年保証がありますが、うちも次に壊れたら、保証外。買った時は70万円しましたが、今は20万円ほど。この出費は覚悟しています」

今でこそ、太陽光発電パネル購入には補助金が出る。また、電力会社に義務づけられている、売電《ばいでん》（電力会社に電気を売る）価格と買電《かいでん》（普通の電気使用のこと）価格の〝逆ザヤ〟がある。早くて10年で元が取れる（この説明は後述）。だが、当時は補助金制度などほとんどなかった。

「１号機の時は、補助金の枠が小さくて自腹でした。５７０万円かかりましたが、そっくりそのまま農業資金として農協から借りました。貸してくれたのです。〝農業とソーラーの関係を説明しろ〟なんて言われましたけど。2号機は378万円かかりました。この時は3分の1にあたる約120万円の補助金が出たので、実質負担額は258万円でした。1996年から15年ローンで、昨年返し終わったばかりです」

余った分を電力会社に買い取らせる売電価格は、当時1キロワット時24円だった。買電価格も24円。導入費用の元を取ろうなんて考えてはいなかったという。

だが、2009年11月に、住宅用の太陽光発電での余剰電力買い取り価格（つまり売電価格）は、1キロワット時48円となり、過去最高額になった。しかも10年間という長期契約だ。湯浅氏が東京電力（東電）に売っている売電額は年間で約38万円。それに対して、夜間など、太陽光発電がない時間帯に東電から買っている電気料金が年間で約3万円だ。すると実に、年間35万円もの売電収入がある。

「いちばん発電するのはお昼の12時くらいですね。ここらへん（群馬県高崎市）は日照時間が長いし、うちの場合は日陰がない。つけてよかったと思うし、みなさんにもつけてほしい。特に農家なら屋根をいっぱい持っていますから。これから売電価格はどんど

太陽光パネルを設置するとメーターが2つになるのだ。

湯浅氏は電気メーカーに勤めていたこともあり、配線に詳しい。1号機と2号機を一つのブレーカーにつなげている。しかし、こういう作業は電気の素人にはなかなか難しい。また、太陽光パネル設置業者を選ぶ際には注意が必要だ。

ん下がっていくようです。早く導入した方が絶対に得ですよ」

さて、湯浅氏の言うとおりなのか。

今、契約設置した人は売電《ばいでん》価格は42円と政府決定で決まっている。電力会社は強制的に余剰電力を買い取る義務がある。当初は、36円に下げる計画だったが、東日本大震災があり、42円に据え置きした。だが、今後、太陽光パネルが普及するにつれ、売電価格は下がり、補助金がなくなっていくのは確実だ。太陽光発電を早くつけたものほど設置費用を早く回収できる制度となっている。

私は、「今のうちにさっさと太陽光発電に変えなさい」とまでは言わない。売電のことまで考えるのは邪道だ。こういうことは、ソーラー売電ビジネスで暗躍している孫正義《そんまさよし》氏に任せればいい（このことは第6章で後述する）。あくまで災害時に備えて、自力で電気を獲得する個人備蓄の思想に立脚すべきである。


湯浅氏の話に戻ろう。

「太陽光パネルを設置する角度は、その地の緯度《いど》に合わせるのが理想です。沖縄なら25

度。北海道なら40度。太陽光に対してパネルが直角になる時間が長ければ長いほどいい。屋根の方角は南向きが断然、発電量が多い。ここ（群馬県高崎市）なら36度くらいが理想的ですね。1号機は30度ですが、2号機は45度で、ちょっと効率が悪い。これから新たに作る建物は、屋根が平らでパネルがたくさん置ける〝切妻造《きりづまづくり》〟で南向きの屋根にしようと決めています」

100トンの井戸水、変換効率60％の太陽熱温水器。水と電気は二系統を持つことが大事だ

湯浅氏の自衛自活は、何も電気だけではない。1996年に、太陽光発電パネルと時を同じくして、水の自給も考えた。ボーリングで井戸を掘りあてたのである。今では毎日100トンもの水が出る。

「井戸を掘る井戸屋さんの話では、地層地図というものがあるというんです。大きな川の流れに沿って、地中には地底湖の流れがある。ここだと1キロぐらい北側に、烏川《からすがわ》

があるのですが、地表ではそのほんの一部が見えるだけ。その何十倍もの流れが地下にあるそうです」

とはいえ、ボーリングで井戸を掘りあてるには多額の資金がいる。当時、1メートル掘るのにかかる費用は3万円だった。掘れば掘るほど費用がかさむ。ボーリングはある意味、賭けだ。

「ダイヤモンドの刃をドリルの先につけて、ガガガッと掘るんです。これも国から400万円借りて掘りました。そしたら、あったんですよ。80メートル下に。掘りあてた後に、井戸屋さんから〝いや〜、出てよかった〟なんて言われて、逆にあせりましたけど（笑）」

掘りあててからタンクと配管をつけた。今は、水道とともに井戸からも水が取れる。

「**電気でも、水でも、二系統持っていることが大事なんです。もしもの時に、片方がダメでも、もう片方が使えるようにしておく**。東日本大震災の時、生活にまったく支障が出ませんでした。この辺も計画停電に何度もなりましたよ。でも、昼間は太陽光発電の自立運転機能で1・5キロワットの電力が2機使えた。だからビニール栽培用にも、ま

井戸を掘るのに1メートルで3万円。これで毎日100トンの水が出る。

80メートル掘ったので、井戸を掘るだけで240万円かかった。総費用は400万円だ。しかし、今では毎日100トンの水が出る。生活用にも農業用にも十分な量で、水道が止まっても安心だ。常に二系統を持っていることで非常時にも耐えられる。

った問題はなかったです」

群馬県も北関東で東京電力の管内だ。東日本大震災直後、東京電力が勝手に時間帯を決め、送電を止めた「計画停電」で右往左往した。電力会社の送電に頼っているかぎり、電気を止められれば対抗手段はほとんどない。だが、太陽光発電を設置していれば、電力会社の送電網から文字通り「自立」することができる。

操作はいたって簡単だ。室内に設置した太陽光発電のブレーカーを「系統連系」から「自立運転」に切り替え、非常用コンセントに電気製品をつなげば、1・5キロワットの電気を使うことができる（P49の写真を参照）。たとえ5キロワット（家庭用）の発電システムであっても1・5キロワットしか使えない（電気製品2つぐらい）というのが限度ではある。しかし、パワコンが2機あれば、1・5キロワット×《かける》2＝3キロワットの電力をまかなえる。

湯浅氏は、フォークリフト、草刈り機などの農機具もすべて電気化していた（第3章で後述する）。フォークリフトには、どっしりと鉛《なまり》電池が積み込んであった。2年前の2010年に、念願だった三菱自動車の電気自動車「i《アイ》－MiEV《ミーブ》」を買った。「i－

ＭｉＥＶ」はおそらく三菱自動車が社運をかけて全力で開発販売しているＥＶ車である。私も応援したいと思う。ガソリン供給がなくても、これで移動手段にはことかかない。だが、ＥＶ車はまだまだ都市型の自動車だ。充電場所の数がまだ少なすぎる。満充電で１８０キロぐらい走るのが限度だ。

さらに、湯浅氏が信頼を置くのが「太陽熱《ねつ》温水器」だ。太陽熱温水器は、今でも地方に行けば普通に屋根に見かけるアレである。案外便利なのだ。

「発電効率は一般的に60％もあります。特にシンプルな仕組みなので、まったく壊れません。水道の水圧で屋根の上に水を上げ、日向水《ひなたみず》の原理で、それが温まる。蛇口をひねると、それが下りてくるだけです。35年前、父が、当時15万円くらいで導入したものですが、まったく壊れない。電気も使わないから、停電も関係ない。停電しても、水道さえあれば、温かい風呂に入れる。日常生活でも、ほとんどガス代がかかりません。昔は、太陽熱温水器はたくさんの家についていたんです。最近はすたれてしまったけど、ぜひ復活させるべきです」

太陽熱温水器が一気にすたれたのは、例の「朝日ソーラー事件」（１９９７年）があったからだ。あの時、心ない社長が強引な営業販売をやって苦情が殺到して、太陽熱温水器のイメージが悪化した。だが、今にして思えば電力会社による悪質な企《たくら》みがあったのではないか。

東日本大震災の前は、「何でもかんでもオール電化」が流行になっていた。電力会社は本当に悪質な大企業だった。だが、震災以降は、「オール電化」という思想が、いかにもろかったかを露呈した。電気がなければガスもつかない。水も出ない。なぜなら、ほとんどの生活器具にＩＣ《アイシー》（電子部品）がついているからだ。このシステムそのものに湯浅氏は疑問を抱く。

「今はハイテクが、いいイメージにされちゃっています。が、今ではいざ電気が途切れると何もできない。コンピューター管理って一見かっこいいですが、壊れますからね。果たしてオール電化なんか必要なのか。本当は単純明快がいちばんいい」

たとえば、電気ポット（湯沸かし器）は、ポンプを動かす、元々単純な仕組みのはずが、電動にしてしまっている。停電になっただけで、お湯が出なくなる。

「だから最近、私が新しいものを買う時は、〝これ、停電の時に使えますか？〟と聞くようにしています。ガス台でも、最近は100ボルトの電源が必要です。ガスでありながら、音声で指示までしてくれますが（笑）。停電になると使えない。いまは何でも電気。本当は、電気を使わない、ひと昔前の暮らしの方がいいと思うんですけどね」

太陽光発電システムを使い、自力で発電する②
大都会でもエネルギーを自給する太陽光マニア

自衛自活は、地方の農家だけのものではない。たとえ震災で停電になっても、普通の家でも電気が使え、水も飲め、温かいお風呂にも入れる。そんな、個人の〝守りの城〟を神奈川県横浜市、東急東横線沿いの普通の住宅地に作った人がいる。デジタル・オーディオ関連の記事を書くライターの藤本健《けん》氏だ。

藤本氏は30年来のソーラーマニアを自称する。2004年の末に念願をかなえ、太陽光発電を備えた一軒家を建築した。以来8年間、毎日太陽で作られた電力で生活している。

藤本氏の経歴は少し変わっている。石油ショック（1973年と1979年）の時代に幼児期を過ごし、父親が石油会社に勤務していた。その影響で、子供のころから〝石油のいらない生活〟に興味を持っていたという。中学3年の時、シリコンに光を当てると発電する太陽電池の存在を知った。そして1994年に、「系統連系」がスタートする（P28以下で前述した）と、太陽光発電の家を建てたくて、うずうずしていたという。

「太陽光発電パネルをつけるには、一軒家でなくてはなりません。土地探しから始めました。太陽光発電に理想的なのは南向き30度の傾きの屋根。田舎に行けば当たり前でしょうが、住宅が密集した横浜市で見つけるのはなかなか難しかった。2004年当時、地価がかなり下落していたとはいえ、それでも土地の値段は高かった。なんとか見つけたのは、2階の屋根だけは冬でもよく陽が当たる土地でした。家のなかは暗くても我慢すればいいかなと（笑）。このあたりは建築基準が厳しく、隣にいきなり大きなマンションが建つこともない。これなら理想的な屋根が作れると思いました」

土地の値段は比較的安かった。念願の太陽光発電パネルを備えた家が建てられることを夢見て2週間で即決した。

太陽光パネル（170万円）と
本当は効率がものすごくいい
太陽熱《ねつ》温水器（50万円）。

これが藤本氏の家だ。太陽熱温水器をつければ、冬でも電気代、ガス代いらずだ。木造の一戸建てが太陽光発電には向いている。コンクリート住宅だと屋根が平たく（陸《りく》屋根という）なるうえ、ソーラーパネルとの配線から雨漏りする心配がある。

「妻はあまり賛成しなかったんですけど。妻は建築士なので、家の設計はすべて妻に任せました。そのかわり、屋根に載せるソーラーパネルだけは自分で選びました」

2004年当時は、シャープ、京セラ、サンヨー、三菱電機の4社が中心だった。太陽光発電システムは各メーカーの代理店が売っている。そして取り付け工事も代理店がやる（ここに問題があるようだ）。屋根の図面や方角、日陰がどのようにできるか、などを綿密にチェックして、見積もりを出してもらうのが、契約する前の一般的な流れだ。複数の代理店に見積もりを出してもらうのがいい。藤本氏はシャープの太陽光発電システムを採用することに決めた。

「シャープは壊れるものが多いけど、安いです。逆にサンヨー、三菱電機はしっかりした作りですけど値段は高め。この傾向は、今でも変わっていないでしょう。今だと、ソーラーフロンティアがかなり安い値段で発売しているので、今後は台風の目になるかもしれません」

ソーラーフロンティア社は、昭和シェル石油の子会社である。

ここで再度、家庭用太陽光発電システムの仕組み（構成要素）を解説する。まず第一

売電メーターは右。左は普通のメーター（買電）だ。

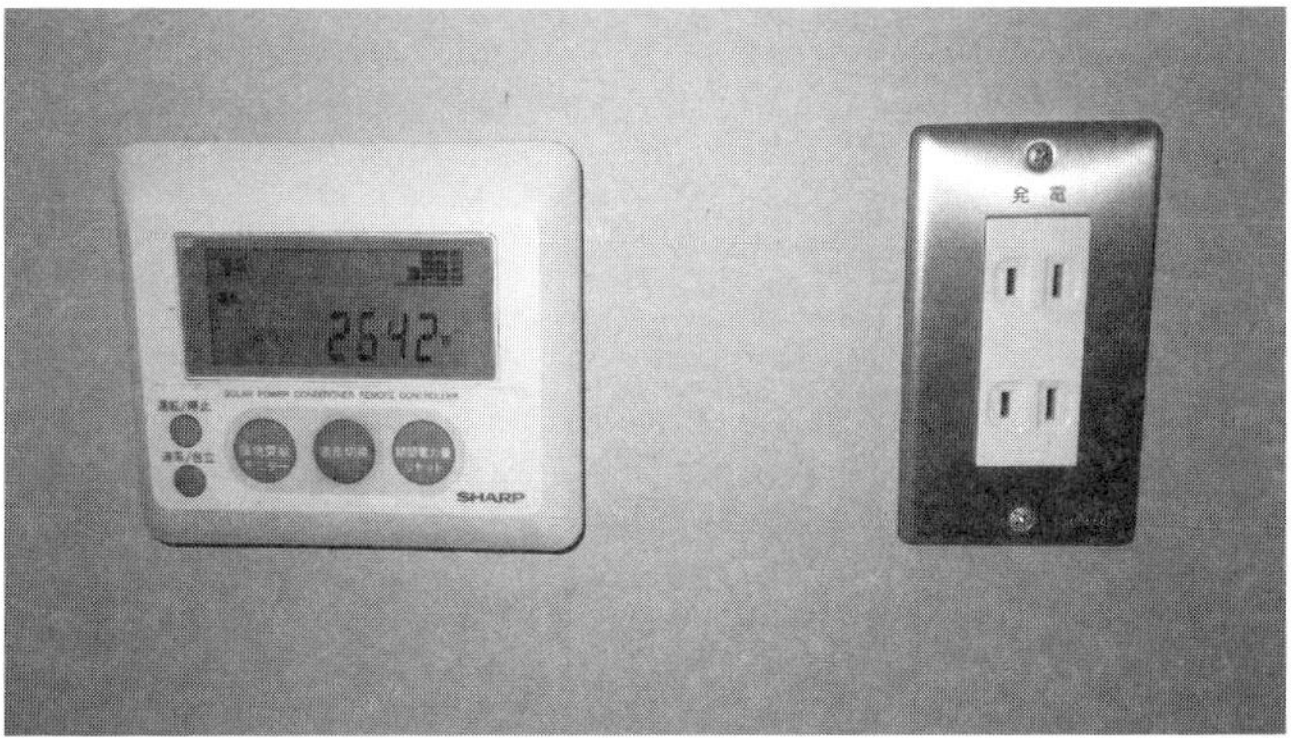

（上写真）右が電力会社に売った電力量を示す「売電メーター」だ。（下写真）左はモニター。この時（昼の11時頃）は2642ワットを発電していたことを示す。右は非常用コンセント。停電時でも1.5キロワットまで電気を使うことができる。

が太陽光発電パネルそのもの。次にパワーコンディショナー（パワコン）。そしてモニター（発電量のメーター器）。この3つから成る。これらをまとめてセットで注文し、工事まで含めて一括でオーダーする形になる。業者選びには慎重の上にも慎重になるべきだ。最近のソーラー・ブームを当て込んで、かなり荒っぽい販売会社がたくさん参入しているからだ。

　ソーラーパネルが太陽光発電システムの中心だ。P（ポジティブ）型シリコンとN（ネガティブ）型シリコンという性質の異なるシリコンを2つ重ね合わせたパネルだ。ここに太陽光を当てると電位差が発生して直流電流ができる。パネルが電池のような役割を果たす。これが太陽光電池（バッテリー）ともよばれるゆえんだ。通常、このパネルを12〜24枚、屋根に並べて固定する。太陽光発電パネルの出力×《かける》枚数によって、発電する容量が決まってくる。藤本氏の家では、1枚当たり公称最大出力が150ワットの太陽光発電パネルを24枚敷き詰めた。総発電量は3・6キロワットになった。

パワコンは屋外設置タイプもある。

（上写真）シャープ製のパワコンは屋外設置タイプだった。京セラ製のパワコンより小さい。
（下写真）藤本氏の家も井戸から水が出る。が、停電時に使える1.5キロワットの「自立運転」では、井戸ポンプを動かすのが難しかったという。

太陽光パネルがもたらす冷却効果。夏でもクーラーいらずの生活

「屋根の上に設置する太陽光パネルのほかに、パネル自体が瓦の形をした建材一体型の太陽光電池もあります。ただ、普通のパネルの方が確実にいい。まず第一に値段が安い。次に、屋根とパネルの間に隙間《すきま》ができるため、冷却効果が生まれる。パネル型は架台に設置するため、屋根から5～10センチ浮き、隙間ができる。屋根が日陰になり、家全体がすずしくなります。パネル自体にも通気ができ、パネル自体が冷却されます」

この冷却効果で藤本氏は、夏でもあまり冷房を使わなくていい生活をしている。

意外なことに太陽光パネルは、日光が当たれば当たるほどいいというものではない。シリコンは熱くなりすぎると、発電効率が落ちてしまうのだ。真夏には、パネルの温度は70～80℃にもなり、そこまでいけば、発電効率が悪くなる。なかなか繊細な性質をしている。光を熱ではなく電気に変えるのだから。

この太陽光発電パネルが出力するのは、あくまでも直流の電気だ。家庭用に普通に使うことができない。これを100ボルトの交流電気に変換する装置が「パワーコンディ

ショナー」（パワコン）である。

発電している電力や、これまでに発電した電力の総量を表示するのがモニターである。モニターは通常屋内に設置され、いつでも発電状況を確認することができる。このほかに、電力会社から電気を買った量を示す「買電メーター」と、電力会社に余った電気を売った量を示す「売電メーター」の２つのメーターが設置される。曇りや雨の日で、太陽光発電が少ないときや、夜間でまったく発電しない時は、自動的に電力会社から電気を購入して使用する。

藤本氏が太陽光パネルを付けるのにかかった費用は約２００万円だった。当時（２００４年）は国から1キロワット当たり4万５０００円の補助金（住宅用太陽光発電導入支援対策費補助金）が出た。３・６キロワットであれば16万２０００円。設置する時に、更に横浜市からも同額の補助金が出た。だから、家庭用で実際に払った金額は１７０万円程度だった。かかった費用は1キロワット当たり約50万円の計算だ。

太陽光パネルと同時に、前述したように、太陽熱温水器も設置した。こちらは２４０リットルもの水を屋根に置き、太陽の熱で温める。金額は、こちらも補助金が出たため、実質50万円だった。屋根の70〜80％に太陽光パネルが並び、残りの15％に太陽熱温水器がのっかる（P47写真）、という形になった。

「太陽光パネルは軽いのですが、太陽熱温水器はちょっと重たい。そのため、ガルバリウム屋根という金属屋根にしました。次に角度の問題が出てきた。最終的に、四寸勾配で角度が22度の屋根と、少し傾きが小さくなりました。そのかわり、屋根は平べったくて、パネルを載せるには理想的です」

新築時に取り付ければ、太陽光発電パネルの設置工事は、いたって簡単だ。たった半日の作業で終了する。

ただし、私が聞いた話では、太陽光発電の設置業者にはいい加減な業者が多い。非常にずさんな取り付け工事をやっていることは、あらためて強調しておかねばならない。設置工事が非常にいい加減なケースが全国で多発している。２００万〜３００万円かけてソーラーを設置しようとしたのに、工事代金を半額だけもらって途中で放り投げてしまう悪質な業者もいるようである。工事が完成して、ソーラーが満足に動くようになるまでは、法律上では「所有権留保」になっている。トラブルを起こすと、その手続きが完了していないことが多い。このために、ソーラーに対して政府が出す補助金が下りないケースが頻発している。引き渡し時までは設備一式の所有権が、工事業者から依頼人に移転していないことになるのだ。ここは十分注意する必要がある。ソーラーパネル自体は日本の一流企業が競合して作っているのだから、たいへん質の良いものである。太陽光パネルの設置を考える人は、それらを正規代理店として取り扱っているきちんとした設置業者（電気屋）や販売代理店と綿密に打ち合わせ、信頼関係を作ることが大事である。

工事が無事に終わり、引き渡しを受ける。そして、東京電力との間で電力の売買契約と、実際に電気の接続をする「系統連系」の儀式を済ませれば、いよいよ太陽光発電のスタートである。

藤本氏の太陽光による生活は、２００５年の1月から始まった。

「その当時は、売電価格と買電価格が同じでした。当然太陽光パネルを設置した費用を売電で回収しようなんて考えてもいませんでした。当時、太陽光発電を設置した人で、投資した費用を回収することが目的だった人はいないと思います。しかし、今は全然状況が違う。一軒家を建てるタイミングに合わせてソーラーパネルをのっければ10年ほどで回収できるのではないでしょうか」

太陽光発電は、CO_2（二酸化炭素）を出さない。太陽光発電パネル価格も低下している。中国製（サンテック社ほか）のものも出回っていて、更に安い。しかし、ソーラーパネルは取り外す時に費用がかかる。粗大ゴミでは済まない。産業用廃棄物となるから、処分費用がかなり高い。ここが隠された欠点になっている。

発電量、天気を毎日メモ。8年間の収支決算は？

藤本氏は、今も毎日の天気と発電量を大学ノートに記録している。

太陽光発電システムを導入すると、家には2枚の明細書が届くようになる。1枚は買った（使った）電気代を示す。もう1枚は売った電気代を示す。藤本氏の場合、ひと月に売った電気は約1万2000円。買った電気は4500円。その差、約7500円のプラスである。

電気代が本当に安くなるのか！

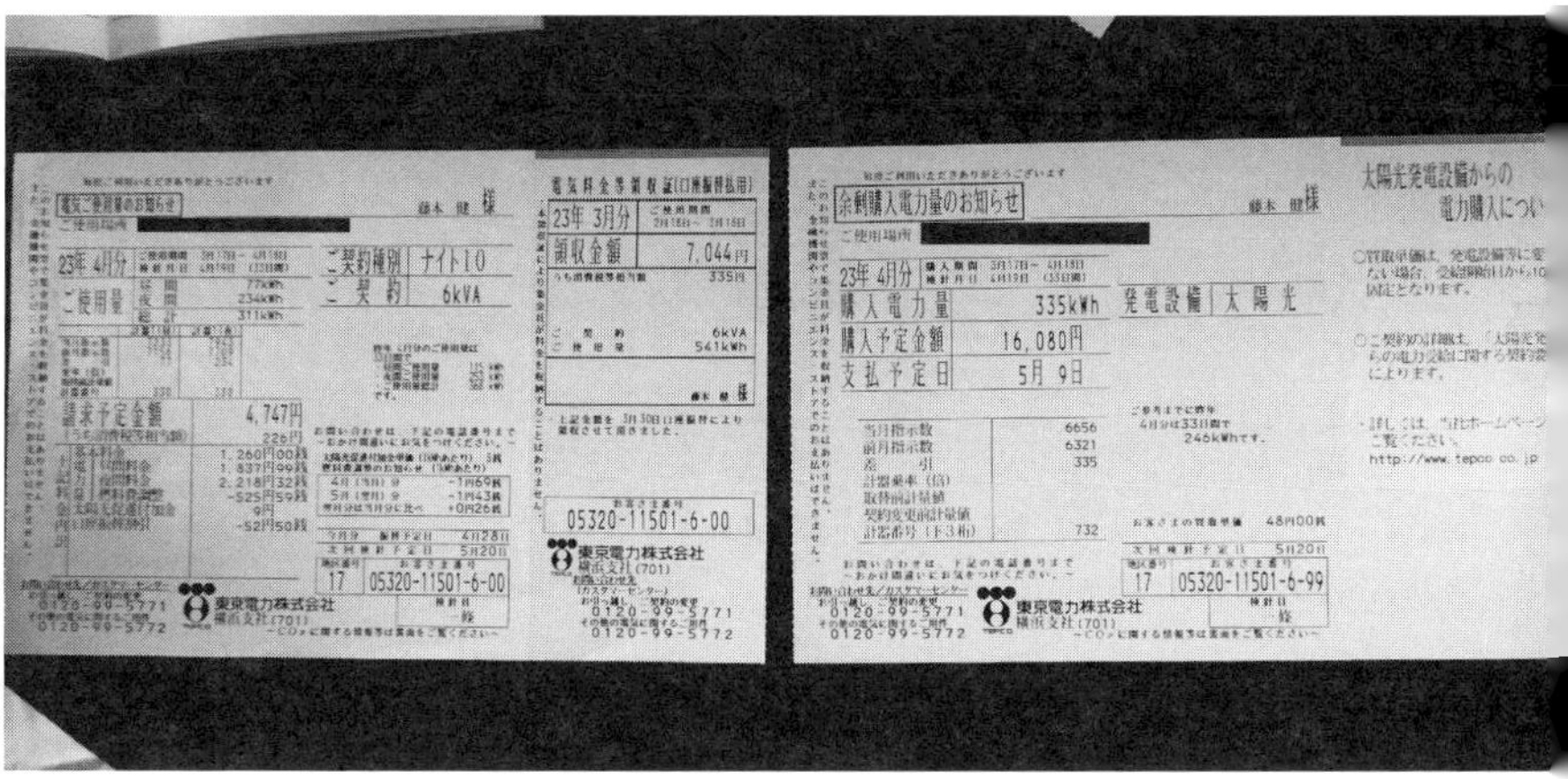

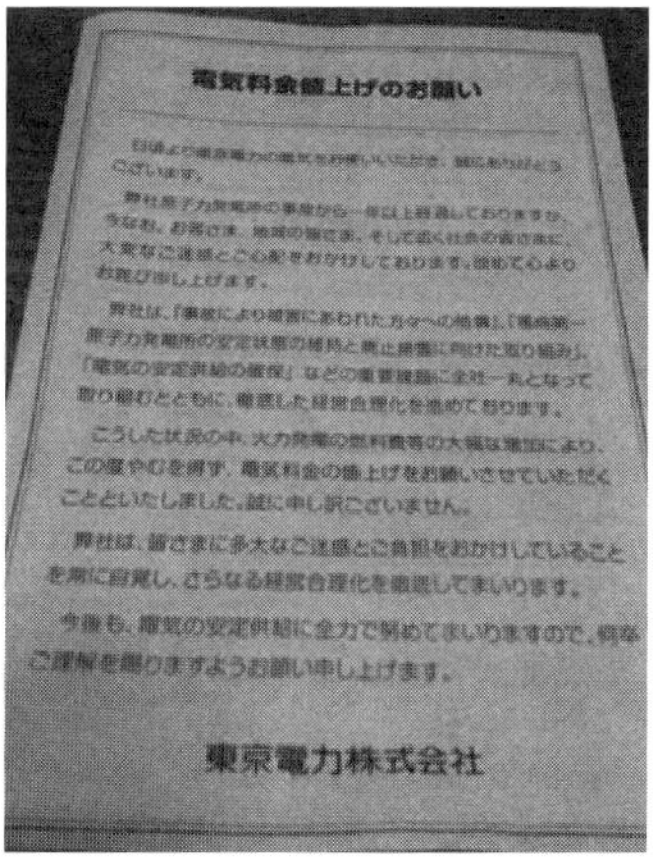

（上写真）太陽光パネルをつけると電気料金の明細書が2枚送られてくる。右が電力会社に売った電力料金を示す明細だ。（下写真）電気料金値上げを告知する東京電力のお知らせ。原子力発電所の停止、再生エネルギーの全量買い取り制度で、電気料金はこれからどんどん値上がりしていく。

一般に最も発電するのは5月だ。夏場は暑すぎるために効率が落ちるので、思ったほど発電しない。トータルの収支計算は実際にはなかなか難しい。節約になった電気代（自分で発電し、東電から買う必要がなかった電気代金）と売った電気代金を足して、概算してもらった。

「2009年11月までは、年間で9万円ほどの利益でした。これが5年間で約45万円。2009年11月からは、売電価格が1キロワット時で48円になったので、月に1万2000円の儲け。年間で14万4000円ほどの収入があったことになります。これが2年半で35万円。すでに80万円を回収していることになりますかね。48円で私の場合はこの先10年間は買い取ってくれることが決まっていますから。あと6～7年くらいで設置費用の回収ができるのではないか。

太陽光発電の大きなメリットがリスク回避です。一つは震災が起きた時の安心材料となる。しかし、震災時に普段の生活をするのは無理です。ただ、電気を使えるだけで、かなりの安心感につながります。もう一つは、これからエネルギーがどんどん高くなる。将来、高い費用を払ってエネルギーを買うことが嫌なら、太陽光発電システムは安い時に買っておいたほうがいい。今なら（２０１２年9月現在）１キロワット時で42円と売電価格も高いです。新築の一戸建てを建てる人なら、住宅ローンの中に組み入れることもできます」

何も太陽光パネルを設置すれば儲かるということを強調したいのではない。あくまで「個人備蓄」のために太陽光パネルを設置するのだ。ただし、今、太陽光パネルを設置すれば、設置費用を回収しやすいことだけは確かである。

553戸が無料でソーラー設置。群馬県太田市の「ソーラータウン」住民の声

次に、群馬県太田市城西町にある新興住宅地の「Pal《パル》 Town《タウン》 城西《じょうさい》の杜《もり》」を調査しに行った。太陽光発電パネルをまとめて設置した553戸の一軒家が並ぶ風景を写真で見たことがある人もいるだろう（P61写真）。出力は計2200キロワット（１０００キロワット＝１メガワット。２・２メガワット）で、世界最大規模の「ソーラータ

ウン」だ。

群馬県内陸部は夏の暑さで知られる。太田市は、2004年の年間日照時間が2290時間で、国内2位になったことがある。そこに目をつけた独立行政法人のNEDO《ネド》（新エネルギー・産業技術総合開発機構）が、約100億円の予算をかけ、2002〜2008年の間、関電工《かんでんこう》に委託し、「集中連系型太陽光発電システム実証研究」を太田市を舞台にしておこなった。住宅地で集中的に太陽光発電をおこなった場合、地域の電力状況にどんな問題が生じるのかを調べる実証研究だった。

太陽光発電で、余った電力を電力会社に送る場合、一気に大量の電力が送電線に流れ込むと、ショートするトラブルが発生する可能性があった。送電線には限界値があるからだ。この問題を解決するため、各戸に蓄電池までをも設置して、電力を集中制御する「出力抑制回避装置」を試験的に運用した。

実証研究は、目立ったトラブルもなく無事に終了。そして、実験用に無料で設置された各戸の太陽光パネルは、居住者が望めば、そのまま譲渡することになった。

この城西地区に9年前から住み始め、現在は区長をつとめる小林昭夫氏に話を聞いた。

太田市のソーラータウンは
実験成功だった。

（上写真）553戸が無料でソーラーを設置した世界最大規模のソーラータウン。NEDOが100億円の予算をかけて実験した場所だ。（下写真）町内の集会場の屋根にもソーラーパネルが敷き詰められていた。奥に座るのが区長の小林昭夫氏だ。

「分譲が始まった当初から、〝実験のために屋根をお借りしたい〟とNEDOから話がありました。設置は無料。期間は10年という契約で始まったのですが、7年ほど経過した時点で、前倒しで終了。NEDOから〝計画通りに実験がおこなえた〟とのことで、実験終了です。〝太陽光パネルが欲しいなら、設置したものはそのまま差しあげます〟とのことだった。そのときに言われたことは、実験が終わった段階で取り除くのであれば無料。その後に撤去するのなら、その費用が莫大になるということでした。10万～20万円じゃすまないと。さらに、譲《ゆず》り受けてから5～10年経過して壊れても、撤去費用は自己負担ということでした。結局、撤去を頼んだのは1軒か2軒だけでしたね」

小林氏の自宅では、太陽光パネルは16枚。約2・4キロワットの出力だ。初めから太陽光発電システムをつける予定なら、南側に平たい屋根を作る。だが、小林氏の家は、寄棟《よせむね》づくり。4方向に傾斜する屋根のため、南側と西側にパネルを載せたが、16枚以上は載せることができなかった。

「24枚で3・6キロワットつけた人は、今はニコニコですよね。でも、家を建てた当時は、そこまで考えていなかった。南側に傾斜する平たい屋根にして、もっとパネルを載せてもらえばよかったなあ、と今は思うんですよ（笑）。２００２年当時でも、技術的に最も高い太陽光パネルをつけていたため、故障もほとんどありませんでした。東日本大震災の影響で、この地区の太陽光パネルが壊れたという話もありません。ただ、一度だけ、大きな雷の影響で5時間くらい停電したことがありましたかね」

ただ、個人で太陽光発電パネルを設置した人とは、明らかに違う点もある。「自立運転」に切り替えることができないのだ。

「実験が終了しても、ソーラー発電したものはすべて、一度東京電力に売り、使う分だけ東電から買う仕組みは変わっていないのです。だから、計画停電時は、どうしようもなかった。契約が変えられない。東電の送電網から切れることができないのです。自分で新しい太陽光パネルを設置すれば別なんでしょうけどね。もし太陽光パネルがついていなかったとして、今から２００万円ぐらいかけて設置するかといわれたら、私はつけないと思います。たまたまいいチャンスに乗っかることができたというだけですね」

災害時に自立的に使えないのであれば、太陽光発電パネルの魅力は半減する、ということだろう。

第3章

エネルギーを蓄える

蓄電池とEV（electric vehicle　エレクトリック・ビークル）

非常用発電機を備蓄せよ

15 キロワットで770万円。パナソニック製の最新蓄電池は高すぎる！

東日本大震災以降、「蓄電池」に注目が集まっている。非常時の計画停電にも耐えうる大型容量を持つ蓄電池である。ソーラー発電で作った電気を蓄電池に蓄えることができたら、いよいよエネルギーの自立である。個人の家庭用でも使える蓄電池が売り出され始めている。

毎年、東京・有明《ありあけ》の東京ビッグサイトで開かれている展示会がある。「PV　EXPO《ピーヴイ・エクスポ》」という。太陽光発電パネル、蓄電池など、世界のメーカーが最新の技術を披露する展示会だ。2012年で第5回を迎えた。世界最大の直流化学反応系の発電機についての展示会である。PV　EXPOのPVとはPhotovoltaic（フォトヴォルタイック）のことで、太陽の光を触媒に直接化学反応させて直流電流を作り出すことだ。ソーラーと蓄電池の世界的エクスポである。展示会は東日本大震災後〝初〟ということもあって、注目を集めた。

パナソニックの15キロワット蓄電池はなんと、770万円もする！

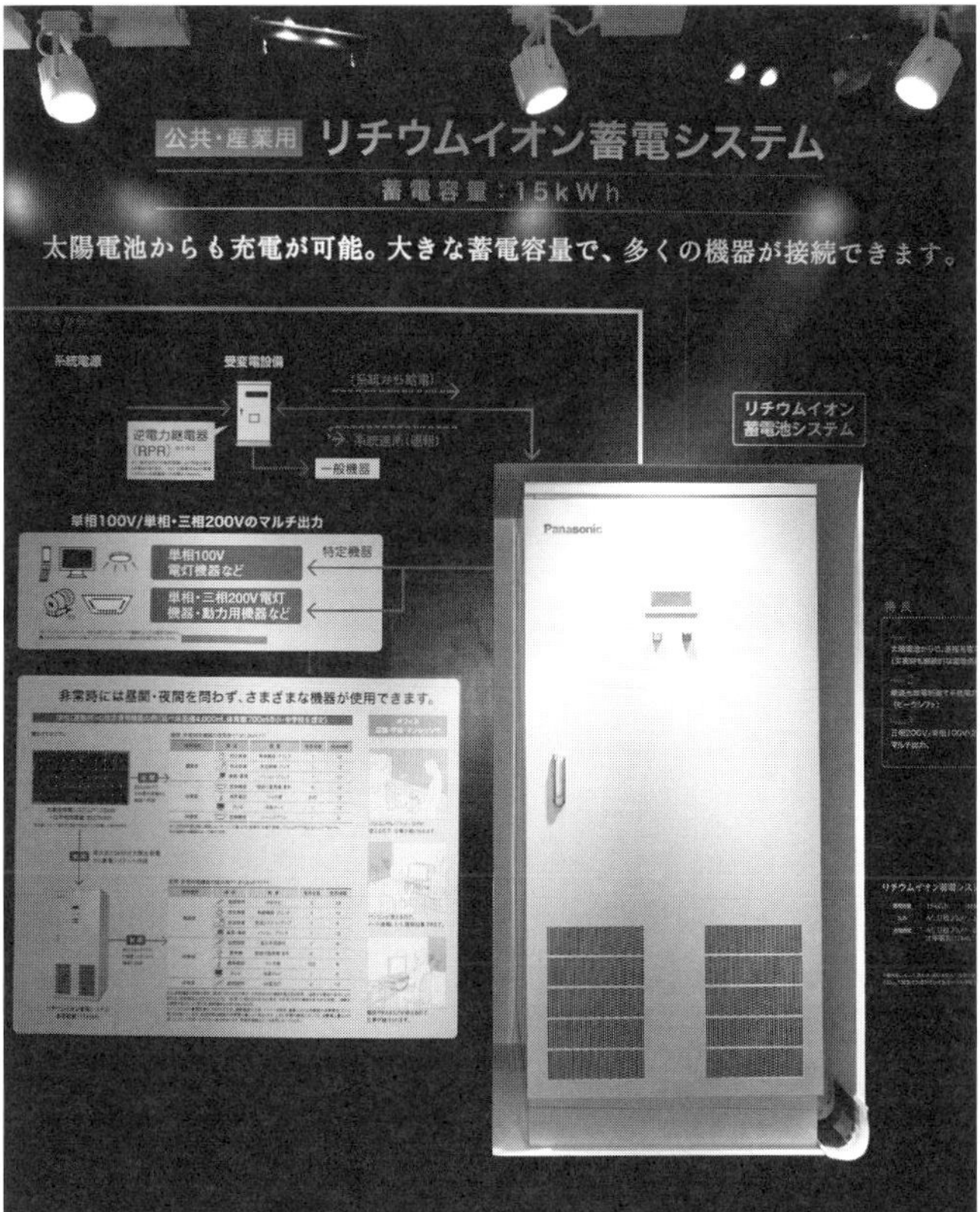

蓄電池の高さは175センチ。重さ約500キロで770万円だ。パワコンが内蔵されているため、これ一台で充電から電力の効率的配分までやってくれる。学校や市役所など、公共用に作られた蓄電システムだ。個人でも買えるが、まだまだ高価だ。

展示会直前に報道発表していたこともあり、最も注目を集めたのがパナソニックの『創蓄連携システム』だった。こちらは純然たる家庭用で189万円である。蓄電容量は4・65キロワットだ。さらに、公共・産業用の15キロワット蓄電システムがある。これがパナソニック（本当は旧サンヨーの技術）の「リチウムイオン蓄電システムXLJ－ME15A」である。770万円する。重さは約500キログラムあって、これで一般家庭で消費する電力の3～4戸分である。ただし、太陽光発電あるいは電線から充電しなければ、3・5日間で電気を使いきってしまう。今の段階では、これが限度の商品である。

〝ダイヤがついた蓄電池〟EV車。三菱自動車の「i《アイ》－MiEV《ミーブ》」

〝ダイヤがついた蓄電池〟と呼ばれるEV車（エレクトリック・ビークル）が注目を集めている。1台約400万円と値段は高いが、EV車なら蓄電池を山の中に持っていって据えつけて、自分の山荘の電力をすべてまかなうこともできる。三菱自動車が販売する「i－MiEV」が私は好きだ。

家庭用の蓄電池も売り出され始めたが…。

（上写真）4.65キロワットの蓄電池と（下写真）5.5キロワットのパワーステーションで、合わせて189万円である。太陽光パネルとは別料金だ。パワーステーションは電気を割り振る司令塔役。停電時でも、太陽光発電に切り替わり蓄電した電力を使うなど自動で対応してくれる。

三菱自動車は、「i－MiEV」に搭載しているリチウムイオン電池にためる電力を、そのまま生活用家電に使うことができる給電装置を今年4月に発売した。停電時でも1・5キロワットを供給できるので、家電製品を5～6時間利用することができるそうだ。「i－MiEV」本体価格は補助金などを加味すると約280万円である。価格は約400万円ぐらいだから、あとは政府の補助金次第である。この「i－MiEV」での給電装置「ミーブパワーボックス」は、約15万円する。これは別個に買わなければならない。これを使って家の中の電気製品を動かすのである。これで自動車そのものを電池代わりにする、万一の備えができる。

三菱自動車だけではない。日産自動車の電気自動車「LEAF《リーフ》」も、同じような給電装置を7月から売り出し始めた。「LEAF」の本体価格は、同じく補助金を加味すると298万～328万円だ。住宅への給電システムは工事費を含め約33万円と少し高い。だが、一般家庭の電力消費量の2日分に相当する電気をためることができる。これらの電気自動車は、今ではヤマダ電機などの家電量販店でも購入できるようになった。

前出した「ゆあさ農園」の湯浅直樹氏も、「i－MiEV」を早くから買った一人だ。

電気自動車は蓄電池代わりになる！

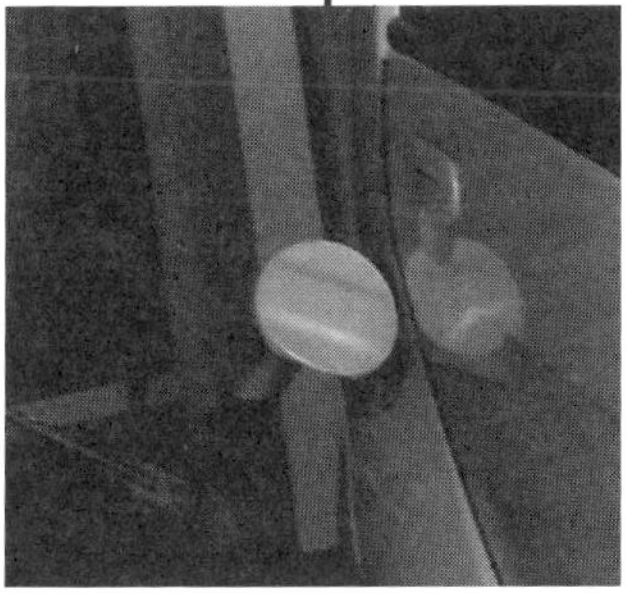

（上写真）「i-MiEV」価格は約400万円だが、補助金が出た場合、約280万円。（下写真）このように車の後部に接続して充電する。

1回の充電で走行できる距離は180キロ。充電場所はいまだ少なく、近場で使うのに便利というのが現状のようだ。

「パナソニックの蓄電池は15キロワットで770万円。アイミーブは16キロワットで、補助金を使えば280万円で買えます。しかも車がついてくる（笑）。どちらが得かといえば、断然EVのほうが得ですよ」

EV車を導入していたことが、湯浅氏が東日本大震災でまったく困らなかった要因である。震災後に起きたガソリン不足で、ガソリンスタンドに長蛇の列ができた。だが湯浅氏は「i－MiEV」を持っていたため、移動の自由を手に入れていた。湯浅氏は電気メーカーに勤めていたこともあり、電気の配線などは自分で取り付けたという。ただし、電気器具の配線や組み合わせに自信がある人でないと、電気はビリビリくるから少し怖い。

「私は太陽光発電でアイミーブに充電できました。（P71の写真のように）簡単です。停電時でもブレーカーを『自立運転』に切り替えれば、家庭用の100ボルトで充電が可能です。ガソリンスタンドの行列が何キロも続くなか、私がその横を通ると、コイツめ、と指をさされましたけどね（笑）」

湯浅氏が電気自動車の購入を考えたのは15年も前のことだった。

「今が第二次電気自動車ブームだとしたら、当時は第一次ブームともいえる時期でした。トヨタの『RAV4《ラヴフォー》　EV』や三菱自動車の『LIBERO《リベロ》』など何車種か発売されました。当時でも、ラブフォーで走行距離が200キロ。バッテリーは5年くらいで買い替えが必要だった。そのバッテリー取り換え費用が250万円もかかる。さらにバッテリーの廃棄料金がかかりました。10年で約750万円もかかる。その頃も、買おうと本気で考えてはいたのです。当時の私は、作った農産物を自分で東京へ販売することを中心に考えていました。しかし、充電場所がないので、200キロ走行では群馬と東京間を往復できない。これではダメだなと断念したのです。それで二の足を踏みました」

電気自動車の代わりに、フォークリフトや草刈り機などの農機具を特別に電気で動くように作ってもらった。

「日本中のあらゆるメーカーに問い合わせましたよ。最初に取り掛かったのがフォークリフト。でも、なかなか作ってくれるメーカーがなくて。最後までやってくれたのが小松製作所。完成したのは2005年です。電動草刈り機はその3年後にできました。両方とも完全に充電式で各々に約400万円かかりましたけどね。充電器は鉛《なまり》式。導入して7年ですけど、今も支障なく使えています」

そして、2年前に三菱自動車の「ｉ－ＭｉＥＶ」を買った。群馬県で湯浅氏が〝第一号〟だった。

「申し込んだ時（発売当初）は４６０万円。女房を説得するのに苦労しました（笑）。1回の充電で、カタログ上では１６０キロ走れるとなっていた。今はもっと性能が上がって１８０キロくらい走ります。近くを行き来するのには非常に便利、というのが正直なところですね。走りに関しては申し分ない。坂道でも力強く走りますよ。県内移動には1回の充電でまったく問題がありません。県内に充電箇所が二十数ケ所あって、しかもどこでもサービスのため、充電は無料なんです」

充電器は、三菱、日産などの販売所や、道の駅、ショッピングモールに設置してある。急速充電なら30分でできる。昼食や、お茶の時間で充電することが可能だ。

「アイミーブの蓄電池は交換するのに２５０万円。メーカー保証は5年で走行距離10万キロです。私の感触としては、10年間は保《も》つと思います。購入時の費用は高いですけど、以降、かかる費用は1キロ走るごとに1円です。夜に充電すれば、1キロワットで9円

400万円かけて作った
自家製鉛電池式のフォークリフト。

小松製作所に頼んで400万円で作ってもらった電動フォークリフト。2005年に完成するまで6年もかかった。草刈り機の方は2008年に完成。積み込んでいる鉛電池は非常時の電源として使用することを考えているという。

17銭。〝満タン〟にしても147円です。これで147キロは絶対に走れますから。急速充電でなければ、200ボルトで7時間かかる。100ボルトでは14時間かかります。夜に充電すると安いので、タイマーを使って、自動的に夜に充電するようにしています。電気自動車がやっと時代に追い付いてきたという感じです」

電気自動車《エレクトリック・ビークル》の開発が歴史的に遅れたことには実は隠された理由がある。私と弟子たちのメンバーが書いた『エコロジーという洗脳』（2008年、成甲《せいこう》書房刊）にその理由が簡潔に解明されている。中田安彦《なかたやすひこ》氏が書いた部分を引用する。

2010年前後に実用化され、販売が開始されるともいわれる電気自動車だが、これなども、実はアメリカではすでに1914年には実用化されていたのだ。ところが、アメリカの財界は電気自動車の開発を意図的に遅らせた。

このことは、アメリカのユダヤ人作家、エドウィン・ブラックの『インターナル・コンバッション』（未邦訳、「内燃エンジン」という意味）という本に詳しく書かれている。

電池を搭載するこのタイプの電気自動車を開発したのは、トーマス・エジソンと自動車王のヘンリー・フォードだった。ところが、この1914年に不幸にも起こった第一次世界大戦の結果、世界の大国は、中東やロシアにある石油油田を押さえることを目的にして世界中に進出し、覇権争いを繰り広げていった。アメリカの当時の支配的な財閥であったのがロックフェラー一族だが、同家はドル紙幣と石油によって金融とエネルギーを支配するかたちでの世界秩序を構想した。そのシナリオに沿ってアメリカの世界進出が行なわれた。だから石油やガソリンを使わない電気自動車の開発は、アメリカの巨大資本の利益に合致しなかった。

これまでにもアメリカでは何度となく電気自動車の開発計画が発表されたが、そのたびに適当な理由をつけて潰されている。1990年代にもビッグ3の一つであるGM（ゼネラル・モーターズ）社が充電式の電気自動車（EV1）をカリフォルニア州などで実験的にリース販売した。が、好評を得ていたのにもかかわらず、2003年に強制的にユーザーから回収されるという騒動があった。この顚末《てんまつ》は、『誰

――が電気自動車を殺したか？』（クリス・ペイン監督）によってドキュメンタリー映画化されている。

（前掲書『エコロジーという洗脳』P46～47から）

個人備蓄を本気で考えるなら、いざという時のための、自立した蓄電池のことを詳しく知らなければならない。自立エネルギーを確保するには、どうしても蓄電池が要《い》る。今はまだまだ蓄電技術の開発競争で電気メーカー各社がしのぎを削っている。今はリチウム電池が主流になった。昔（といってもつい10年前）は鉛《なまり》電池だった。少し前はニッケル電池だった。リチウムの次は、マグネシウム電池だともいわれている。そしてレアアース（希土類《きどるい》）という希少鉱物資源の世界的な獲得、開発競争になっている。

蓄電池で一番分かりやすい、身近にあるものは、自動車に積んである鉛電池（バッテリー）である。これがニッカド（ニッケル・カドミウム）電池だ。車のバッテリーを10個も集めてつなげば夜店の明るい照明ぐらいは十分にできる。乾電池こそはニッカド電池だが、今ではこれもリチウムイオン電池に変わりつつある。

私たちが持ち歩く携帯電話の微量の電気を賄《まかな》うのにも、３日に1回は充電しないといけない。スマートフォンなら毎日充電している。私はスマホは使えない。ｉモードメール（携帯メール）さえ満足にできない。メールなんかするより電話口《ぐち》でワーワー喚《わめ》くのが一番だ。

蓄電技術の進歩が何よりも待ち望まれている。太陽光発電パネルは既に技術的には完成した、といわれている。それに対して蓄電池の方は、まだまだこれからだ。だが、必要に迫られているから、この分野で急速に技術開発が進んでいる。「必要（こそ）は発明の母である」とエジソンが言ったとおりだ。

だが、前述した個人用にも使える７７０万円のパナソニック製蓄電池はまだ高値である。このあと数年で一気に値下がりするだろう。蓄電容量も倍増するだろう。その時まで待てばいい。「ここらで、技術開発が一段落したな」と思うところで買うのがいい。

東日本大震災で売り切れが続出した非常用ガソリン発電機

個人備蓄のためにあと一つ、エンジン型の非常用発電機が必要である。

東日本大震災で小型の非常用発電機はさまざまな用途で使われた。避難所の照明や炊き出し用の電源としてだ。宮城県の気仙沼《けせんぬま》市は電気が完全にストップした。大津波の被害に遭《あ》わなかった地区でも停電は起きた。気仙沼市の日本酒の造り酒屋が、近所の人から非常用のディーゼル発電機を借りて、醸造ができたというニュースを聞いた人もいるだろう。ポータブル（可搬式）のエンジン発電機は、東北各地の復旧工事の現場で今も使用されている。瓦礫《がれき》の処理とかでトラックに乗せて運び込んで、照明用とか、工具類の電源としても使った。各地の自衛隊や消防署が持っている電源車というようなものは、私たち個人は必要ない。

この非常用発電機の売り切れが続出した。東日本大震災直後は、全国的に入手が困難だった。

このポータブル（可搬式）エンジン発電機において、日本国内でシェア65％を誇るの

ガスボンベ式の発電機もある。

（上写真）ガスボンベ式発電機「GE－900B」の価格は約16万円。重さ20キロ。100ワットの照明を8つ点灯できるほどの電力だ。ガスボンベ2本で1～2時間は使える。（下写真）ガソリンエンジン式発電機「GE－5500SS－IV《アイブイ》」の定価は75万円。重さは91キロ。これさえあれば、普通の家の電力は8～9時間まかなえる。

がデンヨー社である。この会社の一番大きな福井工場には注文が殺到した。一時400
0台あった発電機はすべて在庫がなくなった。
デンヨー社の売り上げは、2011年度の332億円から、2012年度の481億
円に約45％も増えた。そのうち発電機の売上高が355億円となり、前年比で49％の増
加だという。

非常用発電機は最も手軽で基本的な〝備蓄品〟だ

「大災害が起きてから非常用に発電機を入手するのは非常に難しい。東日本大震災が起
きた時、どのメーカーでも、発電機に注文が殺到し、買えない状態が続きました。一家
に一台、非常用の発電機を準備しておけば、少しは安心できるのではないでしょうか」
そう語るのはデンヨー社経営企画室の吉永隆法《たかのり》課長だ。エンジン発電機の設計に25年
従事し、同社の非常用発電機に精通している。
デンヨー社で最も手軽なのは、例のあのカセットコンロ用のガスボンベを使用する

「ポータブルガス電気ＧＥ－９００シリーズ」だ。私たちがスーパーで買えるカセットコンロ用のガスボンベを使用するタイプである。この定価は15万５０００円だ。外部ガスボンベを使用するタイプだと定価は16万９０００円である。重さは約20キログラムだ。これならひとりの人間でなんとか持ち運べる。ガスボンベのカセットを２本入れて約１時間保《も》つ。次々とガスボンベを交換していかねばならない。それでも、これが本当に個人で自力で動かせる発電機なのである。

５キロの外部ガスボンベを使用するタイプだと、10時間運転することが可能である。だが、どちらも出力は０・８５キロワットしかない。簡単な照明器具ぐらいにしか使えない。ホットプレートやドライヤーは、それぞれ１キロワット（１０００ワット）の電力が必要だから稼働するのが難しい。照明器具を５～６個つけたり、パソコンを使用したり、携帯電話を充電することが可能というレベルだ。

ガソリンエンジンを使うものなら、もっと大きな出力が可能だ。２キロワットを発電できる「ＧＥ－２０００ＳＳ－ＩＶ《アイブイ》」なら、定価は24万８０００円で重さは32キログラムだ。しかし、２キロワットでは、停電した際に日常の生活を維持する電源としては足りない。もっと大きな出力が必要だ。

「一般家庭用ならば、この５・５ｋＶＡ《キロボルトアンペア》（＝５・５キロワット）のガソリンエンジン発電機が一台あれば、家庭用のどのような電気製品にも対応できると思います。エアコンでも動かせますよ」

製品名を「ＧＥ－５５００ＳＳ－Ⅳ」という。レギュラーガソリン（普通の自動車用のガソリン）で動くエンジン発電機である。定価は75万円と少々高い。重さは91キログラムある。なんとか数人で移動させることが可能だ。これでもポータブル発電機としては軽い方だという。この機種は、家庭用の１００ボルトコンセントに加え、２００ボルト用のコンセントも備えている。一般家庭に備え付けられているエアコンは、実は２００ボルトのものがほとんどだ。この発電機があれば、たとえ停電してもエアコンが使える。

電子レンジなど、やや大きい電力を必要とする電気製品も使用可能だ。レギュラーガソリン17リットルで、一般家庭用の電気製品をフル稼働しても、これ一台で約５〜13時間稼働することができるという。

「停電時でも、これでほとんどの一般家庭用途に使えます。停電時以外でも道路工事や選挙演説などのイベント用に使用している会社も多いですよ」

５・５キロワットが必要なことにはそれなりの理由がある。たとえば、普通のエアコンの通常使用量は１２００ワット（＝１・２キロワット）だ。ただし１・２キロワットの発電機を使えば動くわけではない。始動時（起動時）には、これより多くの電力を必要とする。井戸から水を汲《く》み上げる井戸ポンプや道路工事に使うドリルなども、始動時には３〜５倍の電力が必要だ。ポンプなどを使うと一番最初に「ガオー」という大きな音がすることに思いあたるだろう。

「車輪がついた重いものを前に押し出す時をイメージすれば分かると思います。押し始める時がいちばん力がいる。最大静止摩擦力を超える力があってはじめて物が動き出します。動き出してしまえば、あとは簡単に動く。あれと同じです」

一般家庭で使用する電力は平均で４キロワットぐらいである。４キロワットの発電機があれば、すべての電気製品が動くかというと、そうではない。始動時の３〜５倍の出力に耐えられるよう、多く（強く）発電する発電機が必要となるのである。

ここで、電力の出力を表す時に使われる単位であるキロワットとキロボルトアンペアの違いについて解説しておこう。三相交流といい、エレベーターなどモーターを使って、大きな力で動く装置の電力はkVA（キロボルトアンペア）で表示される。このkVA（キロボルトアンペア）はその装置自体にかかる電圧の実効値と電流の実効値をかけたものであり、「皮相《ひそう》電力」と呼ばれる。これに対しkW（キロワット）は、その装置が消費するエネルギーそのもので「有効電力」と呼ばれる。

キロボルトアンペア（kVA）をキロワット（kW）に換算する場合には、キロボルトに「力率」なるものをかける必要がなる。

家庭にあるコンセント（欧米ではアウトプットという）は、差し込みの穴が2つついている。これは「単相」の電気だからだ。それに対してエレベーターを動かすモーターなど、きわめて大きな力を要するものは差し込みが3つになる。これを「三相」の電気という。

単相のものなら、力率は1が多い。だから、キロボルトアンペア＝キロワットだ。しかし、大きな電気設備（エレベーターとか給水ポンプ）を動かす三相の場合、力率は0・

停電時に40秒で自動的に切り替えてくれる予備の発電機。

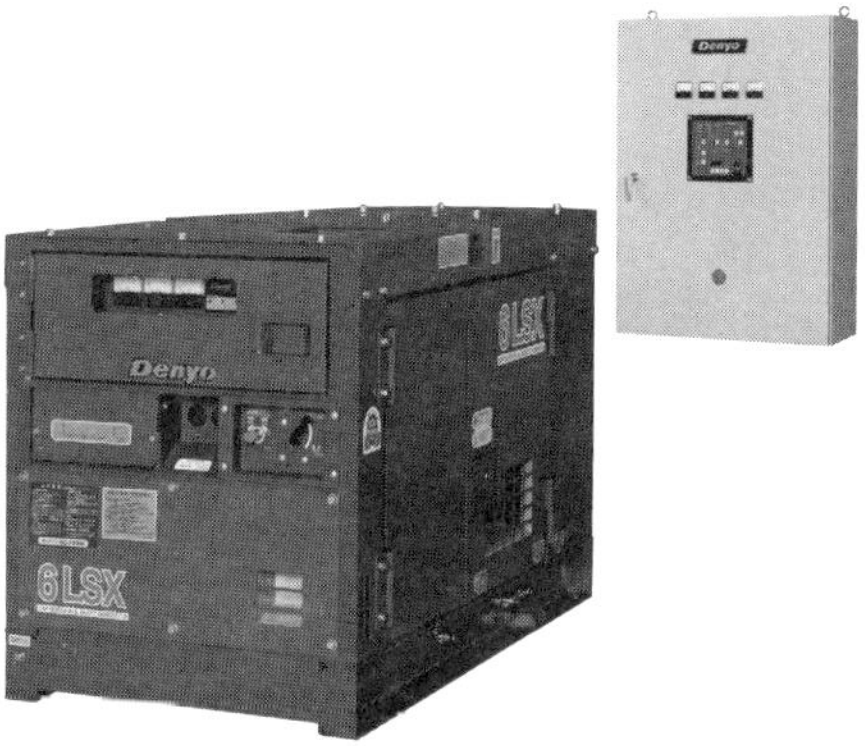

（上写真）6キロワットを発電できる「DCA－6LSXT」。自動始動盤を同時に購入すれば、停電時に自動で瞬時に動き出す。だが、定価がセットで550万円とかなり高い。（下写真）このように固定する時は、別途工事費用がかかるという。

8となる。キロボルトアンペアをキロワットに換算する場合、0・8をかけた数字がキロワットになる。三相発電機の力率0・8は世界共通のものである。

エアコンなど最新型の電機製品には「無効電力」の発生が多い。無効電力とは、どうしてもムダになってしまう電力であり、発電機においても発電性能を妨げる悪影響が多い。前述したガソリンエンジン発電機は、この無効電力に対しても強いのが特長である。

デンヨー社では、ガソリンエンジンの発電機とともに、ディーゼル発電機も開発している。ディーゼル式のエンジンは耐久力があり、低い回転数で大きな力を生み出すことができる。エンジン自体の寿命も長い。燃料代を考えても、軽油（ディーゼル用）の方がガソリンよりも安くてすむ。一般的にレギュラーガソリンより、軽油は1リットル当たり20円は安い。あまり知られていないが、ドイツの高級車のメルセデス・ベンツは軽油を重視している。トラックだけが軽油なのではない。軽油の方が馬力がある。しかし、自動車の排気に問題があった。ベンツはこの問題（規制値）を乗り越えた。排気口に紙を当てても真っ白なままである。

エンジン式発電機の内部構造。

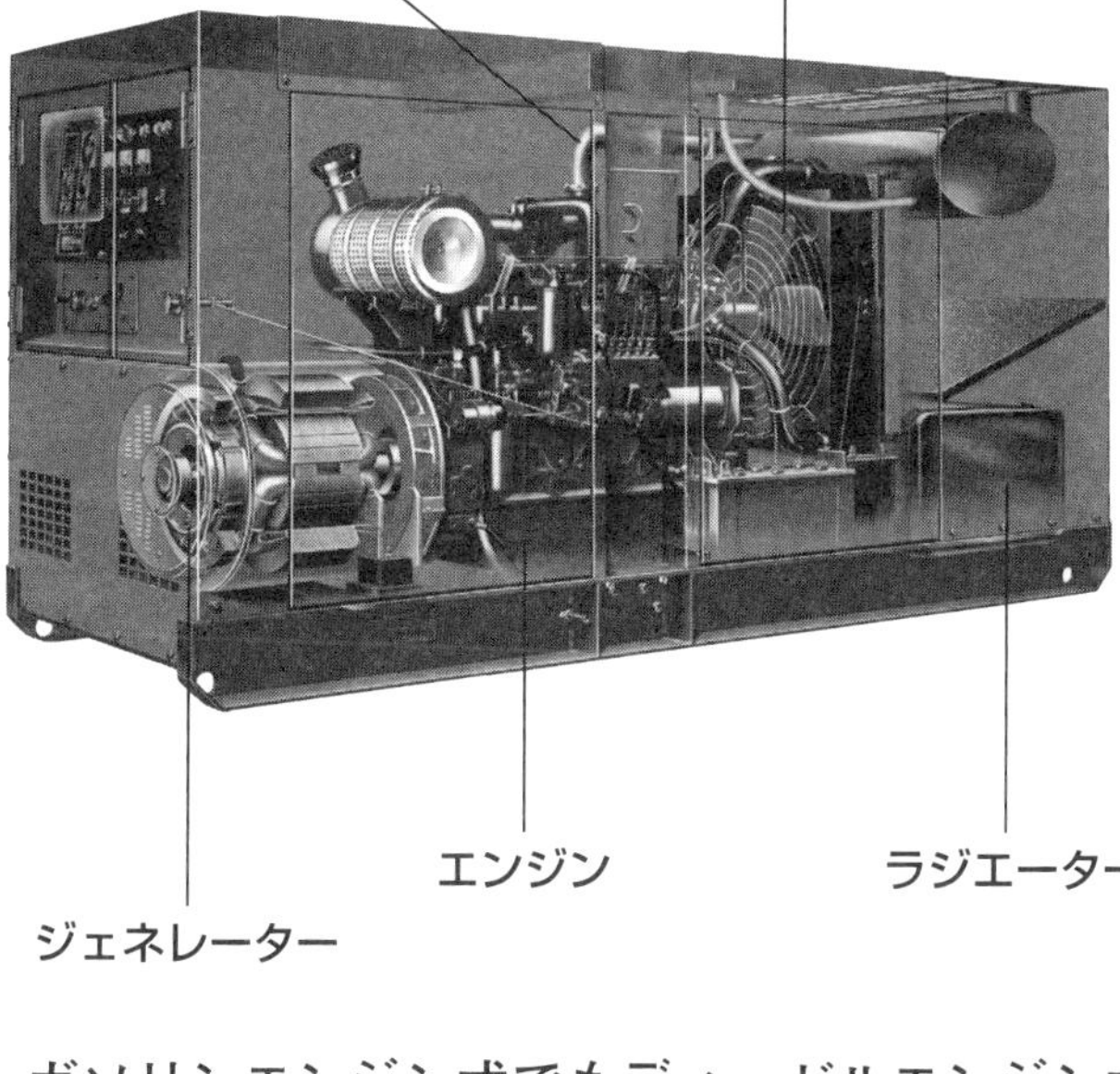

ガソリンエンジン式でもディーゼルエンジン式でも構造は同じだ。車と同じく排気用のマフラーが付いている。

このディーゼル（軽油）エンジン発電機を、停電時の非常用電源として、家に備え付けることもできる。一般家庭ならば、「ＤＣＡ‐６ＬＳＸＴ」があれば十分である。５〜６キロワットの電力に対応している。しかし、定価は５５０万円とかなり高い。

「これがあればバックアップ用の電源として十分といえます。自動始動盤とセットですので停電になった時に自動で予備の発電機に切り替えてくれる。電気が復旧した時には、自動で元の電源に切り替えてくれます」

ただし、バックアップ用のディーゼル発電機を据えつける場合は、設置工事費が別に必要だ。土台の基礎工事をして配線工事もしなくてはならない。その費用は別途かかるという。

ここで、ディーゼルエンジン発電機の構造を簡単に説明しておこう。エンジンにジェネレーターが直結している。このジェネレーターが発電の仕組みそのものである。ジェネレーター内部の電磁石がエンジンによって、ぐるぐると回る。回ることで電気を作り出す。電気が生まれる。ディーゼル（軽油）エンジンは車と同じだから、排気を出す。だからマフラー（排気処理管）が取り付けられている。さらにこのエンジンを水で冷や

プロパン（LP）ガス式なら10年間は備蓄ができる。

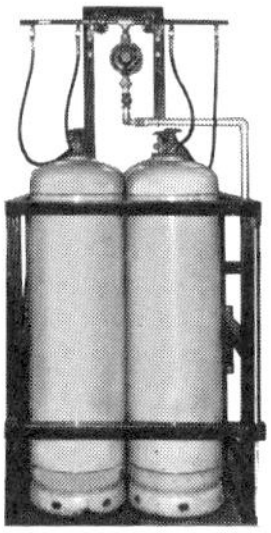

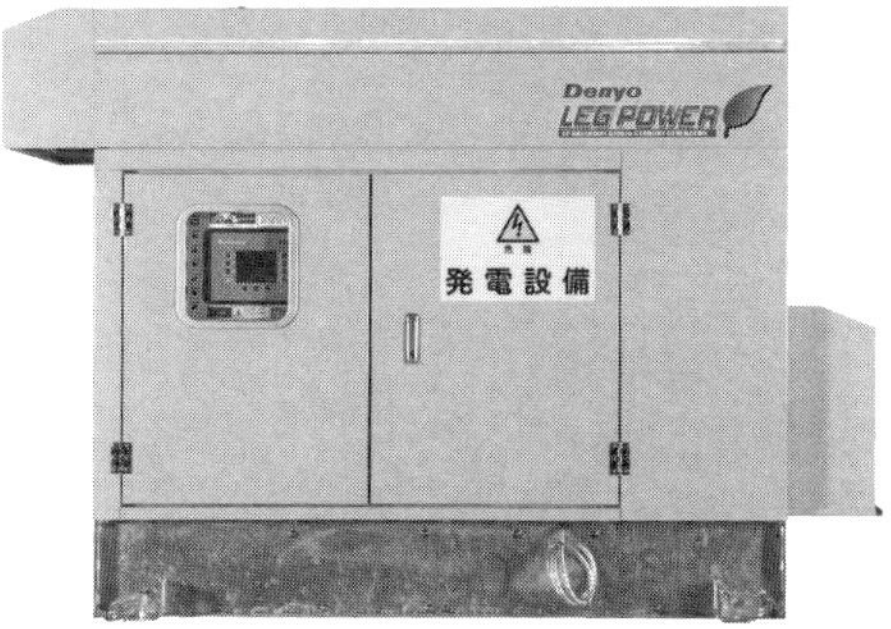

商品名はLEG－34UST「レグパワー」。重さは1トン超ある。高さ1.7メートル。自動始動盤が内蔵されているため、停電発生と同時にエンジンを始動させ、電気を供給してくれる。ガソリン式の場合の腐食や蒸発がないことがLPガスの強みだ。

すためのラジエーター（冷却器）がついている。そのラジエーターを冷やすためにファンがついている。このほかには燃料を入れるための燃料タンクがある。これがディーゼルエンジン発電機の基本的な構造だ。

持ち運びができるキャンプ用、レジャー用の発電機はガソリンエンジン式だ。固定する据え置きタイプのものは重量があってもいいのでディーゼルエンジン式だ。原理はどちらもほぼ一緒である。エンジンを動かし、ジェネレーターを回すことで電力を生みだす。

さらに、デンヨー社は、ＬＰガス式の発電機も開発している。ＬＰガスとはプロパンガスである。ガソリンは、ガソリンスタンドで買えばいいから手軽だ。ただし、鉄製の携行缶《けいこう》（10リットル用と20リットル用がある）がないとガソリンを売ってくれない。そしてどうしても保管期間に限界がある。燃料タンクに入れた状態で保《も》つのは数ケ月だ。長く保っても1年が限度だ。いざ使う時に、ガソリンが劣化して使用できないことがある。

「東日本大震災でも、東北の被災地で生活の基盤となったのはＬＰガスでした。災害が起きた時は、燃料の調達に非常に困ります。ＬＰガスなら、持ち運びが容易なうえに、10年くらいの備蓄ができます。だからガスが見直されてきているのです」

デンヨー社は、ＬＰガスを使う大型発電機を２０１２年1月から販売し始めた。ＬＰガス（プロパンガス）式エンジン発電機の「ＬＥＧ－34ＵＳＴ」だ。この最新型は34キロボルトアンペアを発電することができる。自動始動盤（停電時に自動で起動する）も内蔵されている。だから停電時でも自動で切り替えてくれる。だが、定価は７２５万円とバカ高い。さらに別途工事費用が必要だ。ちょっと個人用には買えない。

これらの非常用発電機があれば、次章に出てくる超低温冷凍庫も楽々動かすことができる。停電になっても、保存していた食材が腐《くさ》ることはないのである。

プロパンガスは大災害、戦争に備えて残したものだ

今の日本で使われているガスは「都市ガス」といわれているものと、いわゆる「プロパンガス（ＬＰガス）」と呼ばれているものがある。大都市圏はほとんどが都市ガスに

なった。ガス料金も安くて便利である。ところが、大都市でもちょっと地方に行くと、今でも「プロパンガス」を使っている。プロパンは容器に入って運搬されるので、今も人力とトラック輸送力が必要である。それに対し、都市ガスは水道管のようにガス管経由で家庭に供給される。この違いがある。だからプロパンガスはどうしても割高である。

ところが、それより大きな違いがある。プロパンガスは何からできているかというと、石油でできているのである。石油を蒸留《じょうりゅう》するようにしてガスに変えているのである。プロパンガスは「石油ガス」だ。だから液化石油ガスともいうし、LP（リクイファイド・ペトローリアム）ガスともいう。それに対して都市ガスは天然ガス（ナチュラル・ガス）であり、中東から買ってきたものを、そのまま今も管に流し込んでいる。

では、なぜ戦後日本ではこのプロパンガスがなかなか消えないのか。実はここには国家政策がある。つまり**わざとプロパンガスを残しているのだ**。都市部が近郊住宅街まで拡大していっても、なかなか都市ガスにしようとしない。わざとプロパンガスを残すことで、大地震等の災害や戦争などいざという時の燃料の確保ということを、経済産業省が考えてやっているのだと思う。

だから、日本にはプロパンガスメーカーが今も残っている。埼玉を本拠地に置いている「サイサン」という会社だ。もともと「埼玉酸素販売所」という名前であった。小さなプロパンガス会社がどんどん資本統合されて、吸収されていった。これは国家政策なのである。昔ながらの農村地帯には、「都市ガスを引かない」という暗黙の流れがあるのだ。

天然ガスは、日本に運んでくるときは液化天然《ナチュラル》ガス（LNG《エルエヌジー》）という形である。液化天然ガスの技術は、日本には日揮《にっき》という三井系の会社がある。三菱系であれば千代田ケミカルという会社が持っている。いずれも世界一の〝液化〟技術で、ガス田のある地域でできた天然ガスをいったん液化してボンベに詰める。それを液化天然ガスを運ぶ専用のタンカーで国内に持ち込んでいる。しかし、本当は天然ガスはそのまんま管、つまりパイプラインで運んできて、そのまま中継地点で溜めて全国の家庭に送り込むのが一番効率がいいのである。現在では中央アジアのバクー、カスピ海の油田等の天然ガスも、原油と同じく直接パイプラインで世界各地に運ばれるようになった。

このパイプラインをどこまで引いていけるか、どれだけ引けるかが、今の世界の覇権《はけん》争いに直接関係してくる。政治的な意味を持つ世界のエネルギー政策の大きな流れだ。

この天然ガスというのは、石油が産出されると必ず一緒に出てくるガスのことである。昔は、どろどろした黒い原油だけを取り出してバレル（たる）に詰めていた。一緒に出てくる天然ガスはボウボウとそのまま燃やしていた。ところが、それを「もったいない」と日本とドイツの化学者たちが、天然ガスはエネルギーになるんだということで、別個に取り出す技術を作っていった。今は「ガス田ガス」といって、石油とは別個に産出されるガスもある。

だから、天然ガスは今では石油以上に重要な燃料として使われている。樺太《からふと》島沖の「サハリン1」や「サハリン2」計画でも、石油を掘り出すことよりも、天然ガスを確保すること、そしてそれをパイプラインで運ぶことの方に重要な意味が出ている。バクー、カスピ海だけでなく、イルクーツクとかロシアの奥地のバイカル湖あたりでも天然ガスが出てきている。それをロシアが戦略的に中国に売るということをやっている。エネルギーをめぐる世界の争いが、相当重要なものになっているのである。

プロパンガスは石油から作られるということが案外人々に知られていない。地震の時には、都市ガスは自動制御で緊急にふたが閉じられて爆発しないようになっている。しかし、都市を含む直下型の大きな地震の時はあちらこちらで都市ガスの管が破裂して燃えるだろう。

1995年に起きた阪神・淡路大震災の時も相当、道路で火が燃えていたという。道路はアスファルトを敷いている。アスファルトは原油から重油やガソリンを取り出した時のかすだ。都市ガス管が破裂すると、アスファルトも一緒に燃えてしまう。だから経産省としては、消費者のコスト負担になったとしても、いざという時のためにプロパンガスの戦略的エネルギー備蓄をやめるわけにはいかないのである。

しかし、ガス会社には大きなライバルがいる。それが電力会社や電気製品を作っているメーカーだ。I・H《アイ・エイチ》（インダクション・ヒーティング）という。ガス器具を使わない家庭用の煮炊き用の電気調理器である。これを電気メーカーが盛んに売った。

しかし、I・Hは箱になっていないタイプの「電子レンジ」である。だから、日本のガス会社は、東京ガス以下が「I・H（調理用の電子器具）は電磁波がものすごく出て人間の体に良くないんだ」と公然とキャンペーンを張っている。私もI・Hというのは危ない器具だと思う。大停電（計画停電）があった時には、I・Hは電気製品だから使えなかった。

ガスが原始的な煮炊き用の火として今のところは一番安全だろうと私は思う。**いざとなったら、ボンベ（シリンダー）式で持ち運べるプロパンガスがものすごく役に立つ、ということだ**。都会（都市部）に住んでいる人たちよりも、都市ガスのないプロパン地帯（農村と山地《やまち》の別荘地）の方が強力に生き残れる。私たちはプロパンガスの重要性を再確認すべきである。

第4章

食料を蓄える

かつて日本には蔵《くら》があった

現代の蔵・零下60℃の超低温冷凍庫に食料を備蓄する

日本には蔵《くら》という考えがあった。飢饉に備え、100年保《も》つ、ヒエ、アワ、キビを備蓄した江戸農民の知恵を学べ

食料を備蓄するには冷蔵庫が必要である。

昔は、全国に立派な蔵《くら》を持つ家々がたくさんあった。今も田舎（地方）に行けば散在している。都会でも地主の家とかには古い土蔵が建っている。蔵の中には甕《かめ》が並んでいて、何十年も経つ味噌醤油のきつい臭いがした。カビだらけでお化け屋敷そのものだった。甕に何十種もの食料を蓄蔵していたのだ。保存食品である。いざという時の備えのための蔵だ。味噌醤油から、ヒエ、アワ、キビまで、何十年も、いや何百年も備蓄してきた。この蔵という考えを現在に復活すべきである。

今は全国で蔵や土蔵がどんどん消えつつある。昔からの名主《なぬし》（みょうしゅ）、庄屋、地主の家には必ず蔵があった。蔵がなければ金持ち（分限者《ぶげんしゃ》）とは呼ばれなかった。金持ちの蔵には財宝と呼ぶべき貴重な書画、骨董、仏具なども収納されていた。鎌倉時代からは土倉《どそう》（つちくら）、酒屋《さかや》、油屋《あぶらや》などの商家が存在した。東北では地震のせいで壁

が崩れてあちこちで蔵が無残な姿をさらしている。今度の大地震を機会に100年の土蔵が消えてゆく。**たとえ蔵が消えても、蔵という思想は生き残らせなければいけない。**「災害（天災）は忘れた頃にやってくる」のとおり、だいたい80年ぐらいに一度の割で襲いかかる。戦争もそれぐらいの間隔で起きている。歴史年表をずっと見ていると、どんな国の歴史でも、だいたい大災害か戦争が70～80年の周期で襲っている。だから「個人備蓄」の考えが大切なのだ。飢えたくなかったら自分のことは自分で守るしかない。「はじめに」でも書いたが、公共の指定の避難所（小中学校の体育館）など3日間ぐらいいるのが限度だ。

現在、蔵は冷凍・冷蔵設備にとって代わられている。しかし、いざという時の「蔵の思想」を私たちは忘れてはいけない。

江戸時代には〝4大飢饉《ききん》〟があった。寛永の大飢饉（1642～1643年）、享保の大飢饉（1732～1733年）、天明の大飢饉（1782～1787年）、天保の大飢饉（1833～1839年）である。餓死者が各々5万人から90万人ぐらい出て大変な苦しみが庶民を襲った。明治、大正、昭和にも大水害（台風の被害）が何年かおきに必ず起きている。

なかでも、江戸時代後半の天明の大飢饉は、近世史上で最大の悲劇であった。天明2（1782）年から天明7年（1787年）までの飢饉で、全国で90万人が死んだとする史料がある。当時の日本の人口は約2600万人だから人口の3％が飢饉で死んだのである。餓死寸前まで追い詰められた人々がこの10倍はいるだろう。

春からの天候不順に夏の長雨が続き、追い打ちをかけるように浅間山《あさまやま》が大噴火を起こした。噴火は3ケ月続き、火山灰が降り注いだ。天明3（1783）年の米の収穫量は例年の3分の1以下となり、米の価格は15倍に跳ね上がった。相次ぐ餓死者と病死者で、腐乱した死体や白骨となった死体がいたるところにあった。この惨状を杉田玄白《げんぱく》が『後《のち》見草《みぐさ》』に記している。

「生き残る者は餓死者の遺体を切って食べ、あるいはそれを草葉と混ぜ、犬肉といって売る者までいる」

飢えた百姓、特に東北の農民たちが、何十万人も餓死したのである。そして、それを誰も助けることができなかった。飢饉のときの絵草子《えぞうし》が、今でもたくさん残っている。

天明の大飢饉は
人肉を食べるほどの生き地獄だった。

『天明飢饉之図』（福島県会津美里町《みさとまち》教育委員会所蔵）。死んでしまった母にすがりつく乳飲み子。死体から肉を切り落とすための包丁。切り落とした人の手をくわえる老人。草、壁土から犬肉や人肉まで食べつくした。まさに生き地獄だった。

『天明飢饉之図《てんめいききんのず》』にも、この生き地獄が描写されている。飢えに苦しむ男性が、人の腕を食べようとする姿や、死んでしまった母にしがみつく乳飲み子の姿が描かれている。食べるものがなくなった農民は、草はもちろん、壁土《かべつち》まで食べた。そのために中毒死するものも多かった。食べられそうなものはすべて食べるのが現実だった。死んだ犬、猫、馬、そして死んだ人の肉までも食べたといわれている。間引《まび》きもおこなわれ、赤ちゃんも多数殺された。

救貧院やお救《たすけ》小屋を幕府や藩は、見るに見かねて作ったが、あまりの惨状に対して打つ手がなかった。そこで出されるわずかなカユでは生き延びることさえできなかった。いざという時に備えることがまったくできない貧しい者から順番に飢えて衰弱して死んでいった。いつの時代も、どんな時代も悪賢い金持ち層と権力者（及びその周《まわ》り）だけは、何があろうと生き延びるのである。この冷酷な事実を私たちは忘れてはならない。この穢《きたな》らしいまでの真実から、私たちは学べるだけ学ばなくてはならない。

先の敗戦（第二次大戦の終戦＝１９４５年）から約70年である。戦争の記憶がなくなった頃に、次の戦争が起きる。再度書くが、これは冷酷な歴史の法則なのであって、人

鎖国をしていた江戸時代、50年に一度は大飢饉が起きている。

渡辺崋山《わたなべかざん》画『荒歳流民救恤図《こうさいりゅうみんきゅうじゅつず》』。天明の大飢饉の教訓を生かし、天保の大飢饉の時は「お救《たすけ》小屋」を建てた。炊き出しやけが人の救護などもおこなわれたが、救えたのはわずかだった。

江戸時代の大飢饉

1. 寛永の大飢饉　寛永19（1642）年～寛永20（1643）年

初夏の干魃に加え秋の大雨など全国的な異常気象と洪水が原因。秋田では8月なのに霜が降りたという。全国各地で餓死者が出た。

2. 元禄の大飢饉　元禄8（1695）年～元禄9（1696）年

東北地方を中心とした冷害（やませ）で、収穫量が例年の3分の1に落ち込んだ。死者5万人といわれる。

3. 享保の大飢饉　享保17（1732）年～享保18（1733）年

前年からの悪天候に加えて冷夏のため、ウンカ（稲の汁を吸う害虫）が大量に発生した。稲は壊滅的な打撃を受け、人口の1割に当たる256万人が飢えに苦しんだ。

4. 宝暦の大飢饉　宝暦5（1755）年～宝暦7（1757）年

東北地方で大飢饉。餓死者6万人。東北の人口が3分の1にまで減少。

5. 天明の大飢饉　天明2（1782）年～天明7（1787）年

大雨に加えて浅間山の大噴火が3ケ月も続いた。噴煙や火山灰が降り注ぎ関東地方にまで及んだ。凶作が5年間続いた。続いてアイスランドのラキ火山が噴火し、世界規模でのエルニーニョ現象による冷害が発生。全国で90万人が死んだ。

6. 天保の大飢饉　天保4（1833）年～天保10（1839）年

20万～30万人が死んだ。幕府や各藩とも「お救小屋」などを作って救済に当たった。救済者は70万人を超えたが、救い切れない人も多かった。夜逃げや餓死者のために空き家となる家が多かった。これで幕府が倒れた。

間（人類）はここから逃れられない。人間は、自分たちが思っているほど賢い生物《いきもの》ではない。**必ず70年から80年に一度は、どんな民族（あるいは国家）も戦争をしてきた。**いくら何でも、もう戦争はしないだろう、とみな思っている。しかし、やっぱりする、と私は思う。

今は、日本では誰も飢えなくなった。１９６０年代、１９７０年代の高度成長経済と福祉国家のためだ。加えて大量消費の時代になり、流通が整備された。このために飢饉に備えるという考えがかえって忘れられてしまった。だから危険なのだ。いざという時のために、自分のために備蓄をして、大飢饉と戦争に備えるという考えは、私たち日本民族の遺伝子に残って伝わっている。50～１００年保《も》つ農産物の保存という考え方があったのだ。人間と動物の違いの一つは備蓄の有無だ。犬猫、動物は食べ物の備蓄ができない。だから、あわれなのだ。

まさしく味噌、醤油、漬けもの、ヒエ、アワ、キビ、ソバ、大豆、小豆《あずき》などの雑穀《ざっこく》類の保存がそうだ。蔵の中でネズミの害に遭わないように高さ2メートルもある大きな甕に仕込んで保存した。腐《くさ》ることとの闘いも切実だった。腐ったものはいくらなんでも食べることができない。だから発酵の技術を発達させて生《な》ま物の腐敗を極力抑えようと必死の努力をしてきた。電気冷蔵庫がなかった時代（ほんの今から85年前）には、本当に生ま物はよく腐った。すぐに腐った。昼に買った豆腐でも魚でも夕方にはもう腐り始めて、酸っぱくなった。私の世代までは、本当に生ま物の腐り方の早さを体で知っている。腐り始めた食品を食べて下痢《げり》をした体験が多くある。

発酵のほかに、乾燥させるのも保存の方法だ。干し芋《いも》、干し柿、飴《あめ》玉などの乾燥食料である。魚の塩漬けの干物が、日本では特に発達した。ただし、塩ものばっかり食べたから、かつては日本人は高血圧でたくさん死んだ。今は「塩分控え目」とかで塩気がなくなった。最近はかえって「塩を取ろう」になってきた。

味噌は必要最低限の備蓄品　創業160年の味噌醤油醸造所

長野県の長野市、由緒《ゆいしょ》ある大寺の善光寺の近くに、昔ながらの蔵を利用し、味噌醤油を醸造している商家がある。創業160年の三原屋だ。

日本全国で味噌の生産量は約45万トンである。味噌汁は臭いから嫌だという国民が今、1割はいるだろうが、あとの9割は味噌汁を飲む（か吸うか食べるか？）。米《こめ》味噌が全体の8割である。米味噌というのは、米こうじから作るものである。この米味噌の半分が実は長野県で生産されている。味噌の生産地は圧倒的に信州に集まっているのである。「味噌は信州」なのである。きっと冬と夏の寒暖の差の大きさが一番の条件なのだと思う。

三原屋の店舗は、創業当時から残る蔵そのものだ。今では国登録の文化財として認められている。三原屋が創業したのは嘉永《かえい》元（1848）年である。〝弘化《こうか》の善光寺地震〟という、善光寺平《だいら》を震源地にする大地震があって、8600人の死者を出した。その翌年だ。その時、自家用に醸造していた味噌醤油を災害支援に出したのが、三原屋の始まりという。商売の始まりは人々の需要（＝必要）からである。必要とされるものは必

160年前に建てられた建物全体が備蓄のための蔵。

三原屋の蔵の中は夏でも20℃にならない。「味噌は信州」というとおり、長野県は味噌の生産地であり消費地でもある。建物自体が、温度があまり高くならず通気性が良いため、醤油や味噌を何十年も保存できる。蔵の壁一面に、今でもこうじ菌が生きているという。

ず商売になる。反対に必要がなくなったら、どんなに立派そうにしていても（高級な和服のような）、時代に捨てられてゆく。よっぽどの創意工夫がなくては古い産業は生き残ってゆけない。

三原屋の売りは「仕込み味噌」である。創業6代目の河原清隆《かわはらきよたか》社長が語る。

「去年の東日本大震災の時、東北のお客様から、〃おたくの仕込み味噌にしておいてよかった。避難所のみんなで食べることができて助かりました〃とお礼の電話がかかってきました。仕込み味噌がみかん箱1箱ぐらいの量で1000食分ぐらい保存してあったのです。それですごく助かったと。物資は急には届かないですから」

味噌醤油は昔から最低限の備蓄品である。冷蔵庫なしの常温でも腐らない。発酵食品の元祖である。

三原屋が創業した当時（幕末）は、味噌を買うことは恥だと考えられていた。味噌は〃手前味噌《てまえみそ》〃であり、主婦が代々、作るものであった。

「味噌を店で買うことは、自分が地域社会から孤立していることの、即ち近所づき合いをしなくなった人たちが出てきたことの証《あかし》です。味噌はどんな家庭にとっても必要最低限の備蓄品でした。普通の家庭でも、自分の家で味噌を熟成させていました。だから、他人の家の味噌をけなしてはいけない。それぞれに微妙に味がちがう。それが〝手前味噌〟という言葉の原点だったのです」

「手前」というのは、自分のすぐ前という意味ではない。「自分で」という意味であり、自家製という意味である。各家庭で味噌を作り、それぞれ工夫を凝らしていたことから、自分で自分を褒めることを意味する「手前味噌」という成語が生まれた。

仕込み味噌は米こうじと大豆を原料にして作る。原材料の調合は三原屋でやるが、その後はそれぞれの家庭で熟成させる天然の味噌だ。それが〝仕込み〟ということだ。味噌は各家庭で寝かせると、風味が変わってくる。各家庭に生きているそれぞれの微生物が味噌に影響を与えるからである。だから、仕込み味噌を家で熟成させる（じっくり寝かせる）だけで、「わが家の味噌」が出来上がるわけだ。

「20年来《らい》のお客様に、三原屋で熟成までさせた味噌を送りましたら、〝味がぜんぜん違う〟と言われました。家に住んでいる菌は各家庭によって違います。だから当然味が変わってくるのです。三原屋で作った味噌と、私の母の実家の酒屋で作った味噌も、原料はまった‌く同じで同じレシピで作っているのですが、味がぜんぜん違うのです」

各家庭それぞれに住む微生物を味噌を通じて食べる。生きている微妙な環境とつながることで、健康になれるのだと河原氏は言う。

「自分の家で作った味噌が、その人にとって一番おいしい味噌なんです。三原屋のタネ味噌は、ウナギ屋のウナギのタレみたいなものです。元は三原屋で作った味噌でも、各家庭に行けば、それぞれの家に住む微生物の働きで、それぞれ違った味になります。自分の家の蔵で味噌を熟成させるのが最高の贅沢だと、私は思うのです」

河原氏は協和発酵《きょうわはっこう》（現・協和発酵キリン）で働いていた。協和発酵は昔から医薬品などを開発する総合バイオメーカーである。協和発酵に勤務していた当時、知り合いの医師とこんなやり取りをしていたという。

「回復して元気になる患者さんは、家族が作った差し入れを食べて退院していく、と医師は言いました。今では入院している時に摂取する栄養剤は無菌状態で、いつどこで封を切っても同じ品質、同じ味というのが当たり前になった。でも、人間はいろんな食品についている雑菌などの異物を同時に食べることで免疫が働くようになる。無菌のキレイな食品を食べているだけでは、免疫力（自己防衛の力）が衰えて元気にならない。私も協和発酵の頃に乳業メーカーの開発者から〝粉ミルクなんて良くないよ〟と言われました。人工的に作られたキレイな粉末の食品です。こういうものを人類は昔は食べませんでした。だからアトピーなどの免疫疾患が起きるのだと思います」

アトピー性皮膚炎の人たちが出てきたのは、おそらく今から30年くらい前からだ。その前はほとんど聞かなかった。その頃、都会で蚊がいなくなった。川はあるけれども排水口の密閉が完成したために、蚊がいなくなった。網戸に頼らなくても蚊が入ってこなくなった。その頃から若い人たちにアトピーができるようになった。殺菌をやりすぎて、ハエ、蚊を完全駆除するようになってからだ。私の弟子にも5～6人アトピーの者がいて、皮膚がただれて見ていてかわいそうだ。しかし、アトピーは45歳ぐらいで治るようだ。体力も落ちるので過剰な白血球の増加がなくなるためか、年齢とともに治るようだ。人体が持つ抵抗力（自然治癒《ちゆ》力）というのはすごいものだ。

「私は、アトピーは食品が変わったことで起きているのだと思います。微生物を殺してしまって、無菌のものばかり食べているから人間の方がおかしくなってしまったのではないでしょうか」

スーパーで売っている味噌は賞味期限が1ケ月未満だ。冷蔵しないと、安売りの味噌なら2週間だ。備蓄も何もあったものではない。化学調味料が入っている味噌は腐敗する。味噌は昔は備蓄品であった。20℃以下の温度で保管すれば、何年でも腐ることがない。賞味期限を設定する必要がない商品なのだ。仕込み味噌は、賞味期限がなく、何年も熟成させるため、東京にある学校などでも備蓄品として購入しているケースがあるという。

何年でも保存が効《き》く仕込み味噌は大震災後、注文が殺到した

先述したが、今現在、日本全国の味噌の生産量は約45万トン。日本人1人当たり1年間に4キロ弱を消費していることになる。

味噌のシェアの最大手はマルコメ社だ。全体の5分の1を生産している。マルコメ社

やハナマルキ社など上位5社で半分以上を生産している。上位20社で生産量の90％超という。全国に味噌屋は千数百軒ある。残りの1000軒で10％弱のシェアを保っている。この残りの1000軒にネットワークがあるわけではなく、地域の人に売ることで商売が成り立っている。

大手の味噌はほとんど同じ味だ。岡山にあるメーカーの味噌造り機械をどこも使っているため、そのプログラムで味噌が大量に作られる。地域性などは無視されている。さらに100トン以上の大型タンクで大量生産している。雑菌が入る余地もなく、純粋培養された味噌が出来上がる。

「味噌は、年間の生産量が375トンを超えると〝味噌屋自体の味が変わる〟といわれます。1日1トンずつ仕込むと、それぐらいの量になる。1日1トンの味噌を仕込むのは相当たいへんですし、オケの大きさも必要です。それでは少量生産のものとは同じ味にはならないのです。量が増えると、質を維持するのがどうしても難しくなってしまう」

最大手のマルコメ社の会長は今も健在だ。機械化して大量生産の道を歩みながらも、長野県の白馬《はくば》村に土地を持ち、天然醸造の味噌作りにかなりの額を投資しているそうだ。

だが、顧客がその本物の味についてきてくれない状態という。

「会長さんが売りたい昔ながらの天然醸造の味噌は、2年ほど熟成させているはずです。でも売れない。もはやみな、スーパーで買う機械で作られた味噌の味に慣れてしまった。本当の味噌の味を忘れてしまっているのです」

味噌はひと昔前は、商店街やスーパーの地下で量《はか》り売りをしていたものだ。それが今は袋入り、カップ入りが標準になってしまった。だし入りも標準になりつつある。

味噌も冷蔵庫で保管するのが当然と考えている人も多い。だが、三原屋の味噌は冷蔵庫ではなく、20℃にいかないほどの室内で保存すれば、どんどん熟成されていく。昔は、味噌や漬けものは土間に入れて保存するのが当然のことだった。土間や納屋《なや》なら夏でも20℃にならず、長期で保存することができた。

三原屋の仕込み味噌なら、1年に1回買い、新しく買った味噌を、今までの味噌に加えて練り込めばいい。何年も経つうちに、その家独自の味になっていく。

「うちの味噌は菌が生きてますので、冷蔵庫に入れてしまうと香りを作るのをやめてしまうのです。味噌は臭《にお》いも出しますが、味噌自身が活性炭みたいに臭いを吸収する。冷蔵庫に入れて保存した時点で、相当まずくなってしまうのです。味噌は冷蔵庫に入れるものと考えている人が９割以上なんじゃないでしょうか。ただ、冷蔵庫に入れなくても、味噌は腐りません。カビのように見えるものは味噌の香りを作る酵母菌なのです。それを捨ててしまうのはもったいない。酵母菌を混ぜ込んでいけば、どんどん熟成されて、いい味になっていくのですが」

今は女たちが味噌の味を捨ててしまった。男たちにはどうしようもない面もある。今でも女が台所を握っているからだ。しかし、三原屋のお客の半分が男性だという。三原屋の味噌は今は国産の大豆を使っている。秋田、青森産の大豆だ。しかし、少し前まで中国（それも旧満州、東北《トンペイ》三省）産の大豆を使っていたそうだ。中国産を軽く見てはいけない。大陸の奥深いところでできる大豆の方が寒暖差もあり、日本列島のような狭い土地の大豆よりも味噌に向いているのだそうだ。信州（長野）の本場の味噌屋が変な政治的偏見を持たずに言うのだから本当だろう。中国産大豆を使っていたら苦情が出て、それで国内産の大豆に代えたのだそうだ。

20℃を超えない土蔵で3年熟成…そして各家庭それぞれの味ができあがる

味噌作りの基本は寒仕込みだ。冬に作り、ひと夏を越えて味噌になる。夏場の暑い時期は、味噌の色がいちばん濃い茶色になる。これが天然の味噌では普通だという。

「ウチの親父はそれで苦労したみたいです。スーパーに持っていくと、季節によって色が変化するので、〝おたくの味噌は品質管理が甘い〟と言われ返品されることもあった。お客さんから文句を言われるから、コンピューター管理で2週間で作って、品質を一定にしてしまう。結局、それで味噌離れが進んでいってしまうのですけれど」

三原屋の蔵の中は真夏でも20℃を超えない。ここに味噌を寝かせているという。

河原社長の母親が説明してくれた。

「白いのが酵母なんです。蔵から出すたびにこの酵母を混ぜ込んで使うのです。すごい臭いがするでしょう。若い人は、この臭いを知らないのでしょうけど。最初に食べるのと、最後に食べるときでは味がぜんぜん違うのです。市販のお味噌より塩分が多いので、

備蓄の基本
「仕込み味噌」に賞味期限なし。

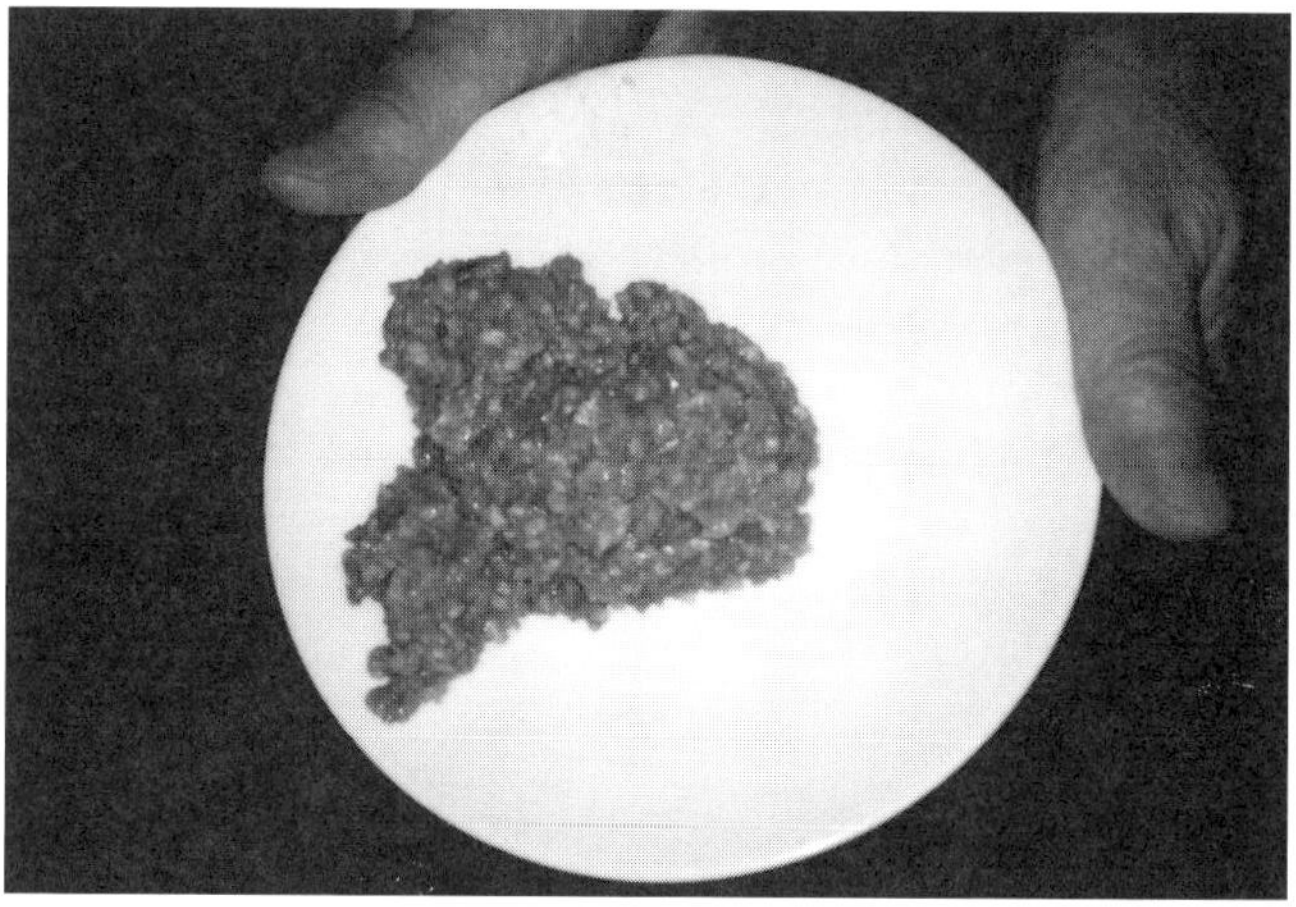

（上写真）白い粒が酵母だ。寝かせる期間が長いほど味が熟成されていく。スーパーで売っている味噌よりも塩分は高い。（下写真）段ボール箱に入れて何年も熟成させている仕込み味噌。スーパーで買う味噌にはない強烈で上品な臭いがした。

お味噌汁はそんなに濃くしないで食べられます。きゅうりの糠漬《ぬかづ》けなんかは、天然の味噌がいいのです。うちの主人なんかは、この味噌になじんでいるので、〝市販の味噌じゃ嫌だ〟なんて言います」

昔は、うしろの蔵に入るときは、なるべくほかの菌を持っていかないように注意していたと、河原社長の母親が懐かしんで言う。

「私が結婚した当初は、納豆は夜に食べて、蔵に行くときはなるべく納豆菌を持っていかないようにと注意されました。糠漬けやタクワンも家では作らないようにしていました。お味噌のいい菌が変わってしまうから。それくらい酵母を大事にしていたのです」

昔は「三年味噌」といわれていた。20℃を超えない土蔵で、3年熟成させれば味噌が出来上がる。

河原社長が蔵を案内してくれた。

「いちばん奥は、昔こうじを作っていたこともあって、今でもこうじ菌が壁やあたりに残っているのです。お金では買えないものですからね。ここに10年ものの味噌などを置いてあります。この蔵は、善光寺大地震のすぐ後に作られたのですが、玉石《たまいし》が下に敷いてあって、免震構造になっています」

　漆喰《しっくい》でできている壁は厚さが50センチもあった。セメントの技術がまだない頃は、石灰を固めて造るしっくい建築が堅固な建物（高層のお城など）の基本だ。イタリアのルネサンス期（16世紀）の建物もしっくい造りである。４階建てで巨大な木造の梁《はり》と柱があり、その表面に石を積んで荘厳にしてあるのだ。白いしっくい壁の土蔵や塀《へい》は今でも見ていて実に優しく安心感がある。

　三原屋では、仕込み味噌を客から預かって熟成してくれる。

「１００ケースぐらい預かって熟成させています。今は各家庭に熟成させる場所がないからだと思います。でも、各自の家庭で熟成させた方がそれぞれの味が出るのです。あれこれの震災の時の話を聞いても、自分の手元に置いて熟成させた方がいいと思います。仕込み味噌は賞味期限が決まっていないので、備蓄に適しています」

　三原屋の味噌の成分を調べたら、チーズのコク味と化学構造が似ていたという。半年ぐらい熟成させないとできない成分であり、市販の味噌には含まれていない成分が三原屋の味噌にはあった。

東日本大震災後は、30代の若い世代からの問い合わせが増えたという。

「〝何年も置いておけるものなのですか〟という問い合わせが多いです。男性からの問い合わせが多いので、男性の方が味噌の味に執着があるのかな。お店に来られるお客さんでも、香りとか、粒《つぶ》があってこうじが浮いているような昔ながらの味噌を求められるのは男性が多いです」

「蔵」に代わった冷凍庫、零下60℃なら生《な》ま物でも永久保存が可能。進化した超低温冷凍庫の世界

江戸・明治・大正時代、そして昭和でも大金持ちや旧大名家（華族さま）の邸宅には、氷室《ひむろ》というものがあった。冬の池や川で氷を切り出し、それをムシロでおおって、石で作った部屋（石室）の中に置き、食料を保存した。私の世代でも、かすかな記憶で、氷室を見たことを覚えている。魚市場などでも昔は大型冷凍庫などなかったから、氷を魚の上からドドッとかけて冷やしていた。

零下60℃…超低温冷凍庫の威力！

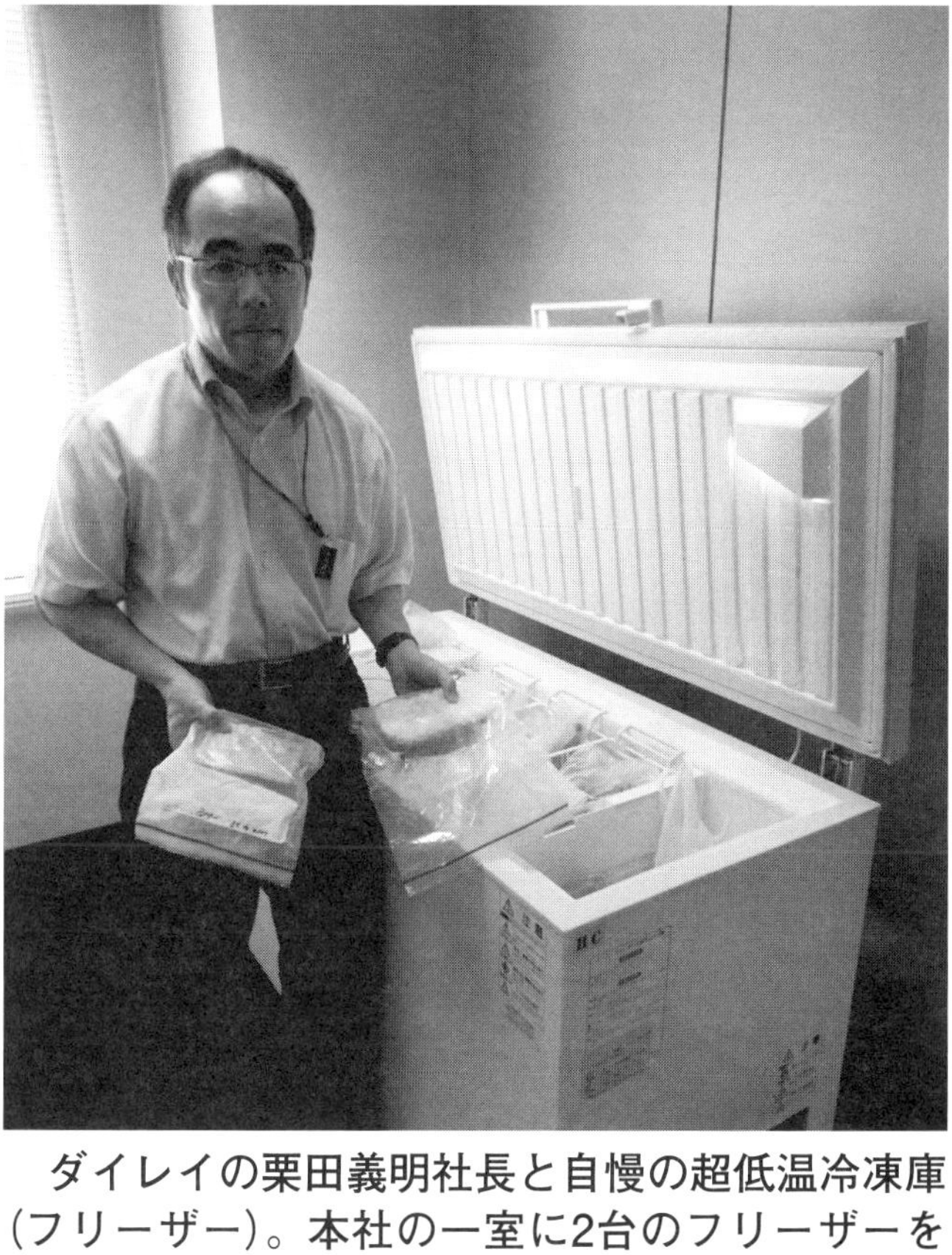

ダイレイの栗田義明社長と自慢の超低温冷凍庫（フリーザー）。本社の一室に2台のフリーザーを設置し、零下60℃がどれくらい食料の備蓄に役立つかを常に実験、確認している。このフリーザーが、50万円で買える。

アメリカではGE《ジーイー》（ジェネラル・エレクトリック社）が、冷蔵庫というものを作った。1900年代初頭のことだ。そこから、冷蔵庫そして冷凍庫の技術が飛躍的に進んでいった。アメリカの肥沃《ひよく》な、広大な農地で取れた小麦やとうもろこし、食肉などが冷凍船でヨーロッパに輸出されるようになった。この時の新興大国アメリカの力がヨーロッパを次第に圧倒していったのである。電気冷蔵庫が開発されるまでは、小麦やとうもろこし、じゃがいも類は、大西洋を渡る数週間の間に船倉で腐ってしまう。冷凍技術が急激に進んだことで、船の中で1ケ月でも寝かせることができるようになった。冷凍技術のおかげで、大量の穀物や肉類がヨーロッパに輸出されていった。

現在では零下60℃の超低温冷凍庫という技術がある。

「超低温で保管すれば、生《な》ま物でも理論的には半永久的に保存が可能です。入れた時と同じ状態のまま、何万年でも保管できます」

東京都文京区。零下60℃の超低温冷凍庫を販売するダイレイの栗田義明《くりたよしあき》社長が語る。

一般家庭用の普通の冷凍・冷蔵庫では、最高でも零下18〜20℃が限界だ。だが、この温度では、冷凍しても確実に品質は劣化していく。

「その温度では、食材の中でタンパク質・脂肪分などの細胞の活動が止まらないのですよ。零下20℃では、水分しか凍っていない状態です。タンパク質・脂肪分などの活動の速度は遅くなります。しかし止まったわけではない。だから、時間が経過すればするほど、劣化してしまう。ところが、零下60℃の超低温になれば、酵素分解・脂肪の酸化も完全に止められる。結果的に、入れたままの状態をキープできるのです」

零下40℃以下が「超低温」である。零下80℃以下は「極《きょく》低温」というコトバで分類される。その中間で、基準となるのが零下60℃である。この超低温が、食材に関して酵素分解（タンパク質の変成）の活動が止まる凍結率100％を実現できる温度となる。

「電源の確保という問題がたしかにあります。電気代金も多くかかる。ただ、超低温で保存できれば、何万年というレベルで保管ができます。というのも、ロシアの永久凍土（ツンドラ）で発見されたマンモスの例があるからです。マンモスは絶滅してから1万年といわれます。永久凍土で発見されたマンモスは、しっかりとした状態で残っていた。食べることのできる部位もあったといいます。永久凍土は零下40℃の世界です。だから零下60℃なら万全といえる。それぐらい零下60℃の世界というのはすごいのです」

零下60℃の世界にすっかり魅せられた栗田社長のコトバである。

永久凍土の世界など、想像するのも難しい。

だが、実際にはすでに実現され、零下60℃で長期保存された食品が、一般の食卓に並んでいるのだ。

マグロ漁の遠洋漁業の現場である。遠洋漁業では、船の冷凍庫がいっぱいになるまで1年から1年半、漁を続けるという。船の中で零下50〜60℃に急速冷凍する設備を備えているからできるのだ。陸揚げしてからも冷凍倉庫に保管する。消費者の口に入るまでには、実は獲《と》れてから数年かかっているものもあるのだ。だから、超低温保存なら5年くらいは全く問題ない。すでにマグロの刺身やお寿司で体験済みなのである。

ただ、超低温の冷凍庫は、どうしてもコストがかかる。果たして家庭用の使用に耐えられるのか。電源も普通は200ボルトだ。業務に使うのが一般的である。だが、ダイレイ社のフリーザーはコストを抑え、一般家庭の100ボルト電源でも使用可能に作ってある。71リットルのサイズの家庭用ストッカー「フィッシュボックスFB−77S」で11万円。チェスト型のスーパーフリーザーとしては、191リットルの「DF−200

**こちらは284リットル
50万円の超低温冷凍庫。**

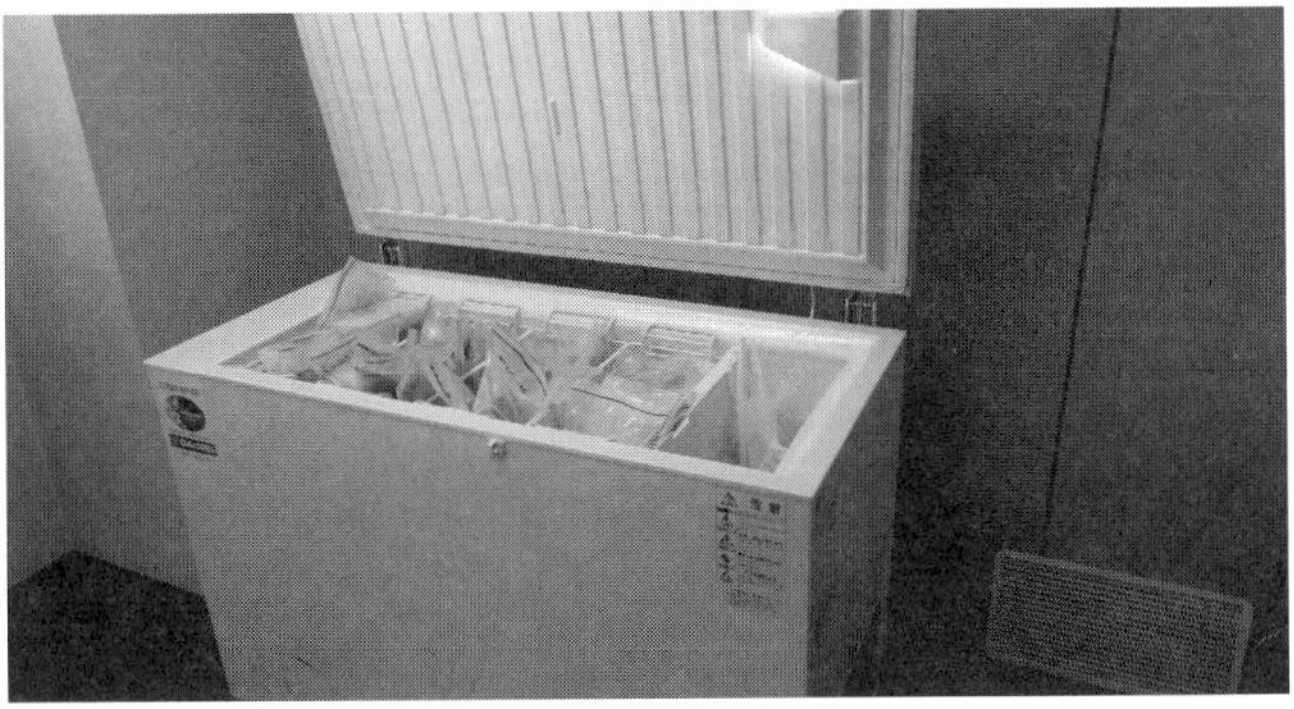

（上写真）スーパーフリーザー「DF－300D」。容量は284リットルで、こちらの定価は50万円。重さは76キロ。消費電力は約560ワットと、家庭用のエアコンの2分の1に抑えている。（下写真）プレハブ超低温冷凍庫の内部。中は普通の冷蔵庫と違って、無風なので食品の乾燥を防げる。

D」で約50万円。476リットルの「DF－500D」で約70万円。これらは消費電力が200ワットから600ワットである。前章で取り上げた非常用発電機ならば、停電しても動かすことができる。1坪サイズ（4725リットル）のプレハブ型冷凍庫なら400～500万円である。このプレハブ型冷凍庫になるとかなり高いが、個人でも用途に応じて超低温冷凍庫を入手することができるのである。

超低温冷凍庫を無風にしたのも、長期保存を考えてのことだ。

「一般の冷凍庫は、冷たい風を送風し、冷凍庫全体を冷やします。でも、食材に風が直接当たることで、表面が乾燥してしまう。無風であれば乾燥を防げます。さらに、冷えた食材自体が保冷剤の役割をして、温度が高くなるのを防ぎます。容量いっぱいまで詰め込めるし、むしろある程度詰め込んだ方が電気代の節約にもなるのです。長期で超低温保存するには無風の方が向いています」

とはいえ、電気代金がどうしても高くつく。

「小型の100リットルサイズのものでも、月に2000～4000円かかります。業務用の大きなものなら月に1万円です。今の時点では、超低温冷凍庫に電気代金がかかるのは仕方がないですね。音も、どうしても通常の冷凍庫より大きいです。コンプレッサーが振動しますので、家のリビングに置くと、気にされる方もいらっしゃいます。雨風や直射日光が当たらなければ屋外に置くことも可能です。風通しがよく、日陰の納屋に置くのが理想的といえます」

本当に電気代がこんなに安くて済むのか、私は疑っている。月に5万円ぐらいは冷凍庫だけでかかりそうな気がしてならない。これから買って試してみる。運転時の騒音の問題も気になる。よっぽど置き場所を考えないといけないだろう。しかし**冷凍庫こそは個人備蓄の切り札**である。ここをいい加減に考えたらすべて失敗する。

野菜は冷凍保存するのが難しい（野菜冷凍のコツは後述する）。繊維の組織が壊れてしまう。冷凍したパック野菜を解凍して食べた時の、あの味気無さをみんな、知っている。手抜き主婦たちがよくやる手だが、食べる方には見破られている。肉・魚なら、どんな種類でも冷凍保存が可能だ。野菜と違って組織が強いのだろう。スーパーやコンビニで売っている冷凍食品をそのまま超低温保存するのがもっとも理想的であるという。

「冷凍食品は急速冷凍をかけた状態でパッケージされているため、衛生面でも非常に良い状態で保存されています。そのまま超低温で保管すれば、賞味期限を過ぎても、いつまでもおいしく食べることができます」

さらに、この先、超低温冷凍庫のコストが下がっていけば、さまざまな使い道が考えられる。

「東北で、超低温フリーザーを計画的に導入したケースがあります。東北では野生の鹿が増えすぎて畑を荒らす害になっている。そこで、ハンターが射止めた鹿を食肉用に冷凍保存し、安定的に供給することを目指すケースです。値動きが激しい食材を値段が安い時に大量に購入する考えもあります。超低温冷凍庫は、電気代金を考えると省エネに逆行している面もあるのですが、長期保管に優れているため、食料危機に対応できるのです」

この零下60℃の超低温冷凍庫を太陽光発電と結合させれば、食料（特に生まれ物）の備蓄の基本設計となる。

冷凍しても栄養は減らない。しじみやきのこ類は栄養価が上がる！

東京海洋《かいよう》大学（昔の東京商船大学と東京水産大学）の食品冷凍学研究室で、冷凍に関する研究をおこなっている鈴木徹《とおる》教授に話を聞いた。食品冷凍学とは、ものが凍るメカニズムの解明や、冷凍技術の開発をおこなう学問である。鈴木教授は、日本では数少ない冷凍学の専門家だ。

「中国やインドでは人口が爆発的に増加しています。その人たちが先進国並みに食べられるようになったら、食べ物は当然不足してくる。現代社会では、第一次産業で作ったものをいかにロスなく、効率的に、完璧に有効利用するかを考えなくてはいけません。そのロスを防ぐには冷凍技術を活用するのが一番なんです」

ただ、利用ロス（損失）をなくすだけではない。味を落とさず、品質を落とさず、保存する。そのためには冷凍技術が一番というのである。

冷凍すると栄養分が減ると考える人もいる。だが、それは誤解である。常温や冷蔵保存では食材が劣化するが、冷凍食材ならば、酵素の働きが失われるため、ビタミンなどの分解が進まず、栄養分が保たれる。しじみやきのこ類のように、凍らせることで栄養価が上がるものもある。冷蔵庫にほったらかしにするよりも、冷凍した方が栄養分を保てるのである。

「冷凍すれば、水産物、肉類は非常に良い状態で保存できます。元の状態に近い状態で復元できるといってもいい。ただし、零下18～20℃の家庭用冷凍庫では足りません。零下18～20℃でも、1週間ぐらいであれば品質は変わらない。しかし、月単位で保存するには温度が高すぎるのです」と鈴木教授は言う。

零下18～20℃の冷凍温度に基づいた流通体系は今から、50年も前に作られたものだ。

「アメリカでテストされた結果がスタンダードになっています。アメリカではコーン（とうもろこし）がベルト地帯（アメリカ北東部）で取れる。しかし、コーンが大量に取れたとしても、加工工場で大量に処理できません。コーンをストックしておかなくてはいけない。現在のコールドチェーンは加工原料としてコーンが1年間保つという基準で作られたものなのです」

超低温冷凍の研究一筋！

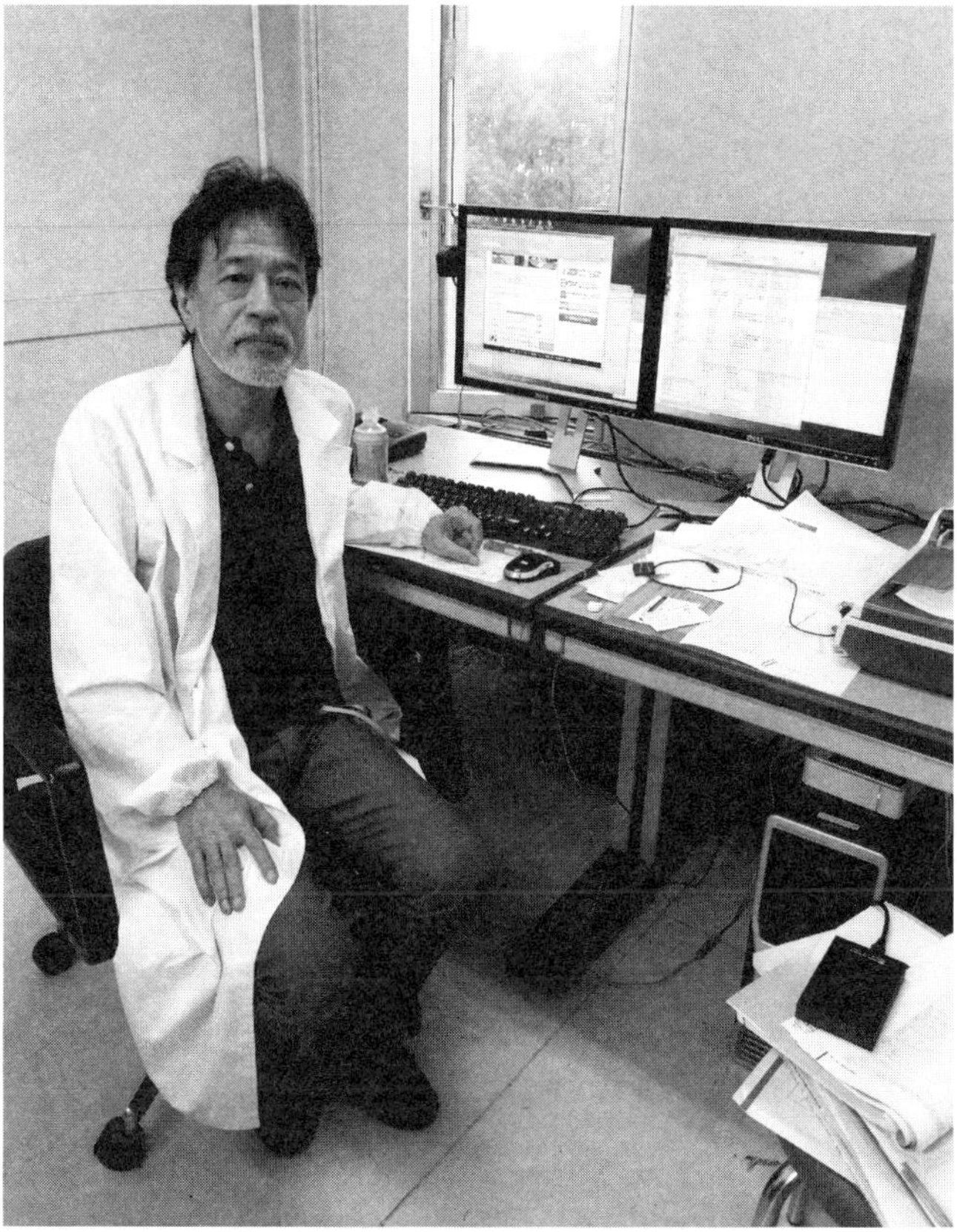

農学博士で冷凍学を研究する鈴木徹教授は、日本では数少ない冷凍学の専門家だ。食品冷凍学とは、ものが凍るメカニズムの解明と、冷凍技術の向上のための学問だ。「食料不足に対応するためには超低温冷凍が最も効果的です」と言い切る。

コールドチェーン“cold chain”とは、生鮮食品を生産し、輸送し、消費する過程で、途切れることなく低温に保つ物流方式のことだ。

日本で冷凍食品が始まり、コールドチェーンが出来上がったのは東京五輪（１９６４年）の時だそうだ。戦後20年を直前にしてオリンピックを開催した。敗戦後の焼け跡からの復活を強く印象付けた。

「東京五輪で外国の選手が大挙して来たときに、食料をどう提供するかという問題が生じました。日本人は当時おにぎりを食べていたのです。でも外国の選手に毎日おにぎりを食べさせるわけにはいかない。洋食を提供する必要がある。でも当時の日本には、洋食を作れる場所なんて、それほどなかったのです」

日本のオリンピック大会委員長が頼み込んだのが、その後、帝国ホテルで料理長を務めた村上信夫氏だった。日本でフランス料理を広めた人物である。東京五輪では女子選手村の料理長として腕をふるった。

「少人数で大選手団を食べさせないといけない。その時、食品加工会社のニチレイが協力して、レストランで出すものを、ある段階まで調理して冷凍し、それを解凍して提供するというパターンをいろいろな食材で試みた。そこでかなりの食材がうまくいくことが実証されたのです。この時、一気に冷凍食品というのが認知されたのです」

東京五輪のために、当時の科学技術庁からも「コールドチェーン」網を敷く勧告があった。冷凍したものを流通させるための、ストック用の冷凍庫を各地に置き、それをつなぐコンテナ付きの輸送トラックを研究、開発せよという勧告であった。

「コールドチェーンに取り掛かったのは東京五輪と同時期です。流通網がつながったから、冷凍食品が供給できるようになった。東京五輪の結果から、日本人の体格があまりにも貧弱だと分かった。この後栄養増強戦略を国として採《と》ったのです。地方にいいものがあるなら、それを日本中にくまなく供給できるようにする発想です。このコールドチェーンがかなり貢献して、冷凍技術が確立されました」

野菜の効果的な冷凍方法と、おいしい食感を残す解凍方法

このコールドチェーンが出来上がったのは50年も前の話だ。当時の技術力では冷凍の

ためのエネルギー効率は良くなかった。今では冷凍器の省エネルギー化が進み、よりおいしいもの、品質の高い冷凍食品が求められている。

「新たな超低温のコールドチェーンを作った方がいいというのが私の提言なのです。零下60℃の超低温のコールドチェーンを、マグロなどの遠洋漁業では現実的にやっているわけです。しかし、ほかの食材に対しては買う側がその価値をまだ認めていない」

マグロの売買では、買う人（問屋）が品質に対して厳しい。「零下60℃で保管されていないものなど買えない」と言われてしまう。だが、ほかの食材に関しては、「超低温じゃなくていいから、もっと安くしろ」と言われてしまう。

一般家庭用の零下18～20℃の冷凍庫でも、微生物による腐敗はいっさいない。**零下15度以下になれば、微生物は増殖しない**からだ。

「熊本では、馬刺しなどは必ず冷凍しています。馬刺しには寄生虫がいるのですが、冷凍すると死滅するからです。だから零下20℃でも冷凍すれば安全です。アイヌ民族がルイベといって鮭《さけ》を凍らせたのも同じ知恵です。鮭には寄生虫がいる。一度凍らせた鮭を半分凍らせたまま食べるのです。刺身では絶対に食べない。寄生虫をやっつける知恵が、アイヌ民族にはあったのです」

零下20℃なら、腐敗はない。しかし、それでもタンパク質の酵素分解などの化学反応は進んで、劣化してしまう。

「化学反応も零下40℃を超えるあたりから止めることができるようになります。もう一つの温度の壁として零下80℃というものがある。この温度までいけば酵素反応自体が止まります。細胞、精子などの凍結保存は液体窒素を使い、零下160℃にします。これならまったく反応が起きない状態です。このことは何十年も試験をやった結果証明されています」

冷凍学の研究では、より低温の世界の研究が進んでいる。ただし、エネルギーとコスト（費用）の問題がある。零下60℃の超低温冷凍庫はまだ一般には普及していない。値段が高いし、ランニングコストがどうしてもかかってしまう。

「食品を保存するには最も有効な方法なんですけどね。メーカーはなかなかやろうとしません。家電メーカーに提案しても、〝超低温冷凍庫なんてユーザーが知らない。凍ればみな一緒と思っている〟という答えが返ってくる。一生懸命に超低温冷凍庫の有効性を私は説明しているんですけど、少数派のままです」

食品が簡単に手に入るならばいい。だが、第一次産業（農業と漁業）にかかるエネルギー量はどんどん増加している。昔よりも食べ物の入手には手間ひまがかかる。今のように余り物を廃棄していたら、それこそエネルギーの無駄使いである。

「たしかに超低温冷凍庫は電気代金の観点からは省エネに逆行しているように見えます。でも、電気代を削って省エネするよりも、第一次産業で取った食料の廃棄量を20％から10％に減らすだけで、エネルギーの使用量は明らかに減る。たとえば、おにぎりや弁当は、賞味期限が切れたら必ず廃棄します。それをそのまま冷凍すれば、1週間でも1ケ月でも、食べられますよ」

現在の流通は、長期保存からは逆の方向に進んでしまっている。注文をダイレクトにとらえて配送する。環境が激変した時、災害が起きた時に、途端に流通が滞ることを想定していない。国家次元での食料備蓄の計画はタブーなのである。

「太陽光のように、エネルギーを作り出す方には注目が集まっています。しかし、食料をそのまま保存するという観点がない。魚を獲るのに船を動かすエネルギー（石油代）

がどれだけかかっているか、分かっていない。昔は魚も一ケ所に集まっていましたから、一度にたくさん獲れた。でも、今はなかなか獲れないのであちこちに移動する。ものすごいエネルギーを使っているわけです」

日本の冷凍技術は、水産業から生まれた。東京海洋大学に冷凍学研究室がある所以《ゆえん》でもある。

「遠洋漁業は、冷凍システムがなかったら成立しなかった。捕鯨もそうです。超低温の零下60℃で急速冷凍して、1～2年間は漁を続けるわけです」

肉、魚はそのまま冷凍すればよい。だが、野菜は、冷凍するのにコツがいる。

「野菜は凍ると細胞組織が壊れてしまう。シャキッという食感を犠牲にしてもいいなら問題はありません。栄養分は冷凍してもそのまま残りますから。ただ、どうしても歯ごたえがなくなってしまう。枝豆やインゲンなど、ボイルして食べる野菜類なら、冷凍しても問題はありません。ただし、ホウレンソウなどは一度ブランチング（下《した》ゆで）する必要があります」

野菜をおいしく冷凍するためには、冷凍前のブランチングが必要だ。**冷凍前に約10秒**

から30秒ゆでればよい。普段のゆで方よりも固めにしておく。これだけで、家庭用の零下18~20℃の冷凍庫でも、色の変化や酵素分解を抑えられる。

解凍方法にもコツがいる。

「自然解凍ですと、中心部が解けるまで、表面がずっと高い温度にさらされてしまう。中心部と表面に温度差が生じてしまうのです。たとえば、常温の20℃で解凍しようとすれば、中心の温度が上がるまでに表面はずっと20℃にさらされる。臭いが出てきたり、酵素反応が活発になって色が変わり、ドリップ（しずく）が出てきてしまうのです」

だから**理想的なのは流水解凍**だそうだ。水を張ったボウルに氷を入れ、保存袋に入った食材を浸して水道水を流す。これなら水道水がボウルの水を動かすことで食材に熱が伝わりやすく、すばやく解凍できるのである。

「氷水なら、表面の温度が絶対に上がらない。かつ水であるので、熱が伝わるのが早い。0℃の冷蔵庫なら解凍するのに数時間かかりますが、氷水なら1時間で解凍できます。できるだけ0℃に近い氷水で解凍することをおすすめします」

第5章

自分が食べるだけの野菜を作る

個人備蓄の根本思想　米の長期保存

原発事故後、避難所を早く出た人たちがいた。自立の思想こそが「個人備蓄」の基本となる

なぜ個人備蓄の時代なのか？　生き方論とその自立の思想を説明したいと思う。大災害はいつ起こるか分からない。大地震なのか、津波なのか、火山の爆発なのか、土砂崩れなのか、あるいは都市機能のマヒなのか。それは私にも分からない。

ただ、２０１１年の原発事故による放射能の周辺住民への健康被害はなかった。作業員も誰も死んでいないし、赤ちゃん、子供も大丈夫だ。その件は何冊かの本にしてきた。私と弟子たちの論文集である『放射能のタブー』（ＫＫベストセラーズ刊、２０１１年10月）を読んでみてほしい。

大災害が起きた時大事なことは、なるべく避難所に長居しないということだ。私は福島の原発事故直後、福島にただちに入って地元の住民たちの態度を見てきた。たくさんの人と話をした。原発20キロ圏の外側をずっと移動した。津波に遭《あ》った人たちだけがはじめは避難所にいた。その後、原発の爆発があって、人々は血相を変えて避難した。原

発から50キロの郡山《こおりやま》市や70キロの福島市の大きな体育館や小中学校の体育館が避難所だった。「いやだ。あんなところには長くいたくない」とさっさと自宅に帰ってきた人々がいた。２週間ぐらい経つと、「避難所なんてのはあれは収容所だ」とハッキリ言った人がいた。この人たちは商店経営者か自営業者たちだった。

彼らは炊き出しの雑炊を食べるために並んで、タダで食物や毛布をもらって、避難所の体育館の冷たい床の上にいる、ということに耐えられない人たちだった。だから不便を覚悟で自分の家に戻っていった。津波で家が壊された人は戻れない。しばらくすると避難所の中で女性の下着が盗まれることも起きた。それから、避難所の中で親分風を吹かせて統制する者が出てきた。そういう自由のない空間にいることに耐えられないと言って、さっさと自分の商店や自宅に帰ってくる人たちがいたのである。

この人たちのしっかりとした精神が、個人備蓄の基本だ。

行政というか国や役所は、災害が起きたら住民をどこかにまとめて面倒を見ようとする。そこには緊急用の水があって寝る場所がある。しかし、それをできることなら拒絶するという考え方も大事なのである。自力で災害から立ち直るという考えが重要なのだ。

避難所では、人間の自由が奪われる。人間の尊厳が奪われる。独立心が奪われる。**避難所とは〝難民キャンプ〟**なのである。災害が起きたら最初に行って、最低限の食料をもらうのはいいけれど、その後はすぐに、自分の力で復旧するべきだ。だから災害に備えて個人で備蓄する準備をするという発想になる。

自分のことは自分でやる。この言葉を日本人は知っている。けれども、実際には異常な事態がやってくると何もできなくなる。すっかり慌ててしまう。あるいは呆然として何もできなくなる。それでも自分のことは自分でやらなくてはいけない。ほかの人のことなど災害時にはかまっていられない、というのが真実である。ただし、この本はいわゆるサバイバルのガイドブックではない。無農薬野菜を作って、健康のために食べましょうという本でもない。私は、健康、健康ばかり言って信仰のようにしている人を疑う。

人間はどうせ何らかの病気で必ず死んでいく。自分の終わりを悟ったら、さっさと死んでゆけばいいのだ。人間は動物の一種なのだから、一個の動物として死んでゆけばよい。人間の生命を過剰に称賛する思想は間違っている。自分の力で身動きが取れなくなった人は、自然界の掟《おきて》に従い自然に死なせるべきである。過剰な人命尊重の時代はそろそろ終わりに来ている。それよりも若い人たちのことを考えるべきである。動物は足をやられて食料を獲れなくなったら、その場にうずくまって、じっと耐えて死んでいく。同じことを人間もやらなくてはいけない。あまりにも老人介護の思想を言いすぎた。その打撃と報いが中年から上の世代の女性たちに表れている。親の世代の介護をやりすぎた中年から上の世代の女性たちがもう限界に来ているのだ。

アメリカにリバータリアニズムという思想がある。ただ逃げるのではない。災害に備えて立ち向かう気概を持とう

リバータリアニズム“Libertarianism”という思想がある。１９５０年代にアメリカに生まれた新しい思想だ。リバータリア……などと今にも舌がからみそうな英語である。なかなか日本では広まらない。しかし今のアメリカでは、若い人たちにも人気のある政治思想だ。ただの政治思想ではない。人間の生き方の根本に関わる思想を打ち出している。その骨格は、「**自分の力で生きよ。政府なんかに頼るな**」である。まさしく個人備

蓄の思想を地《じ》でゆく人々なのである。

日本にはこのリバータリアニズムは、理由があって、なかなか輸入されず広まらない。しかし、アメリカでは大きな政治勢力となっている。リバータリアンという人たちだ。2012年11月6日にアメリカ大統領選挙がある。共和党のミット・ロムニー候補者が自分のランニング・メイトである副大統領候補に指名したポール・ライアン（共和党下院議員）は、このリバータリアンである。若くてハンサムで元気な人物だ。リバータリアンは、正直な人たちであり嘘をつかないと決めている。

このリバータリアニズムを何とか訳そうとしてもなかなか適当な日本語訳がない。「矯正《きょうせい》的自由主義」というわけの分からない訳もあった。が、まったくダメだった。最近の新聞記事では「極端な自由主義」と訳してあったりする。これもおかしい。私は1998年に『リバータリアニズム入門《プラマリ》』（デイヴィッド・ボウツ著、洋泉社刊）という本を訳して出版した。この時、表紙には「現代アメリカの〈民衆の保守思想〉」と書いた。

リバータリアニズムとは簡単に言えば、**反官僚主義**、**反重い税金**、**反統制主義**、**反海外侵略**、**反過剰福祉**の思想である。何にでも反対ばかりする考えに見えるが、そうではない。この思想は、とにかく政府が余計なことをするな、役人どもがあれこれ理由をつけて国民から税金をふんだくるな、という思想だ。「福祉のために金（予算）がかかる。だから増税は仕方がない」という悪辣《あくらつ》な考えに、リバータリアンたちは絶対に騙《だま》されない。「福祉、福祉と言えばいいというものではない」と反論する。貧しい人や困った人を助けるために国家があるのではない。

貧しい人や困っている人を本当に助けたいのであれば、余裕のある、力のある人たち（即《すなわ》ち経営者や資産家層）が、自分の周りに「助けてください」と集まってくる人たちを直接自分の力で助けるべきだ、という思想である。だから、「企業や金持ちから税を取って、政府が代わりに福祉をやります」という現在の腐った考えと真っ向から対決する。かわいそうな人たちを助けたいと思うのは、個人の憐憫《れんびん》の情である。自分に人助けをする余裕（即ちやっぱり金《カネ》だ）がなくてどうせ救《たす》けられないのなら見殺しにするしかない。これが人間（人類）だけでなく生物《いきもの》、動物の世界までも貫く大原理である。

リバータリアンは一切のキレイごとを言わない。私は、日本にこの思想を輸入し、導入し、広めようと、もうかれこれ20年間も努力している。しかし、なかなか理解の輪が広がらない。

リバータリアンは人に頼らない。自分の分の食料と安全は自分で準備して自分で確保する。リバータリアンという人たちの原点は、アメリカの開拓農民の思想である。彼らはパイオニアともいわれ、褒められたりもする。しかし実際は西部への開拓者たちの人生がそんなに甘い人生であったはずがない。開拓地で山野を切り開き、農地に変え作物を植える。しかし天候のせいで、食べ物が取れなければ飢えて死ぬのだ。開拓農民たちは、ヨーロッパで食い詰めてアメリカに流れ込んできた者たちだ。移住してきた都市での生活になじめない人たちが、幌馬車《ほろばしゃ》で西部へ西部へとさらに向かっていった。それがパイオニアの農民たちだ。

彼らは、自分の定住地を決めたらまずリンゴの木を植えた。リンゴの木には、5年後くらいには実がなる。だからアメリカの伝統的な家庭の手づくりのおかしはアップルパイなのである。開拓農民たちは、自然災害が起きると小麦やとうもろこしやほかの穀物が取れない。それでもリンゴの木を植えておけば、実がなる。リンゴだけではどうにもならないが、それでも飢えをしのぐことはできただろう。リンゴの木が北アメリカの土壊に適していたという面もあったのだろう。

だからアメリカ合衆国のリンゴには、備蓄用の食物という深い意味があるのだ。それが、母親が作るおいしいアップルパイの伝統になった。

アメリカの開拓農民たちにたびたび、飢饉《ききん》が襲いかかった。干魃《かんばつ》などの天候不順のために作物が取れなくなることをくりかえし経験した。イナゴを食べて飢えをしのいだりもした。日本人は、アメリカといえば、ニューヨークなどの大都会の立派な都市生活ばかりを想像する。だが、けっしてそうではない。アメリカ白人の基本は、広大な中西部（ミッド・ウェスト）で農業をやってきた農民魂にある。

だからこそ、人に頼らない、政府（役所）に頼らないリバータリアニズムという思想が生まれたのだ。

アメリカの中西部の広大なプレーリー（大平原）で生きている農民たちの姿を、私たち日本人に教えてくれた有名なテレビドラマがある。それが『大草原の小さな家』"Little《リトル》 house《ハウス》 on《オン》 the《ザ》 Prairie《プレーリー》"（１９７４〜１９８２年）である。この名作ドラマは今でもみんなに好かれている。ああ、私の同世代の人は、あの開拓農民のかわいい女の子たちのドラマか、と思い出す人もいるだろう。

この『大草原の小さな家』こそが、アメリカのリバータリアンたちの素朴な生き方なのである。原作者のローラ・インガルス・ワイルダー（1867〜1957年）という女性が60歳を過ぎてから書き始めた。自分の幼い頃の開拓農民の一家の暮らしぶりを忠実に描いたものだ。

ローラの父親（マイケル・ランドンが演じた）は農業者だが、頼まれた日雇い労働もやる。家族が全員で一所懸命に働いて、作った作物を市場や商店に持って行ってお金に換えて暮らしている。テレビドラマだから、左の写真のように小ぎれいな手作りの木造住宅である。しかし実際には、丸太を切り出して作った粗末な掘っ立て小屋だったろう。

このようにしてアメリカの白人たちの自立・自衛の精神は作られていったのだ。十分に備蓄をしなければ、寒い冬も越せなかっただろう。現在のモノがあふれかえっているアメリカや、私たちの日本では考えられなくなった遠い昔の話のように思える。しかし、大災害は私たち人類への戒《いまし》めとして必ず起きるだろう。

リバータリアニズムは「ほかの人々の権利を侵害しないかぎり、人は自由に生きるこ

名作ドラマ『大草原の小さな家』には
アメリカの開拓農民の
たくましさが描かれている。

©読売新聞／アフロ

1870年代の西部開拓時代。ウィスコンシン州の街に住んでいたインガルス家が、幌馬車に乗って西部を目指す。

アメリカNBCテレビが制作。日本でもNHKが放送した。10年近く続く長寿ドラマとなり、世界中で愛される名作となった。アメリカで1974年放送開始。

とができる」という思想である。何をやってもいい。西部劇の映画のヒーロー、ジョン・ウェインのイメージを描くとよい。あるいは映画『ダーティハリー』のクリント・イーストウッドの姿である。サンフランシスコ市警《ポリスデパートメント》の殺人課のハリー・キャラハン刑事が、凶悪犯人を追いつめてキレイごとなしで最後は撃ち殺してしまう。

リバータリアニズムは、人の助けを借りずに、自分と家族だけで真面目に働いて生活してゆくという生き方だ。

リバータリアンは備蓄を自分の家で自力でやる。それから、日本と違うのは銃で武装する。アメリカでは銃が氾濫して、銃による犯罪や銃の暴発による死傷事故が多発している。だから「銃規制」"gun control"をすべきだとアメリカのリベラル派や人権派は騒ぎたてる。しかし、アメリカ憲法は、圧政に対して国民が銃を取って立ち上がり、国家に抵抗する権利を認めている。これをミリシア（民兵）の思想という。ミリシアのことを北部ではミニットマンという。アメリカ独立戦争の頃、イギリス国王の軍隊の襲撃に対して、1分間で集まる独立軍の義勇兵という意味で「武装民兵」である。

このアメリカの武装民兵の思想からリバータリアニズムはできている。だから、軍隊を否定しない。最小限度の国家の役割を主張する。国家制度は秩序を作る最低限度のものであって、それ以上であってはならない。公務員の数だけが何百万人にもなっている各国の現状は、強く規制されなければならない。政府が個人や国民の自由を侵害してはいけないという考え方だ。最小限度の国家でなくてはいけない。このリバータリアンの考えは、トーマス・ジェファーソンというアメリカで第三代大統領になった人の思想である。行政権や役人たちの権利を徹底的に制限するために国家があるのだ。

「アメリカ・ファースト！」という掛け声に込められた本当の意味

リバータリアンは、農業者や農業経営者に多い。自分の農場に立てこもる考えとなる。連邦政府の役人が自分の土地に勝手に入って来るな、税金も払いたくない、と。道路や橋などの公共設備も、なるべく自分たちで作るという思想なのだ。みんなで道路も修理する、という考え方が大事で、なんでもかんでも役所、公務員任せにしない。日本人もそういう思想にならないといけないと私は思う。

「アメリカ・ファースト!」という言葉がある。アメリカが一番という意味ではない。アメリカの国内問題を優先せよ、という掛け声である。

チャールズ・リンドバーグ（1902〜1974年）が作って唱えた政治スローガンである。「アメリカ・ファースト!」とは、アメリカは海外にまで出しゃばってゆくべきではなく、なるべくアメリカ国内で平和に自分たちだけで生きてゆくべきだ、という思想だ。軍隊を海外に派兵することに反対する立場である。即ち、グローバリズム(globalism　地球支配主義）に反対する立場だ。

チャールズ・リンドバーグは飛行機乗り（エイビエーターという）で国民的英雄になった人である。映画『翼よ! あれが巴里《パリ》の灯だ』（1957年）の原作者で冒険者として有名だ。彼は第二次世界大戦に反対した。それでも始まってしまったら「空の英雄」だから仕方がないので、嫌々ながら日本軍とのニューギニアでの空中戦に航空隊の戦闘隊長として行った。現地で彼は、日本兵の死体の一部やしゃれこうべ（髑髏《どくろ》・緑色をしているそうだ）をお土産としてアメリカに持ち帰る兵隊たちを目撃して強く厳しく批判している。偉人であるリンドバーグは「アメリカは外国に出るな。外国まで侵略して制圧するようなことはするな」と言い続けた人だ。だから、アメリカは国内問題をこそ優先せよというのが「アメリカ・ファースト！」という思想なのである。

リバータリアンは、だから海外進出、侵略主義が大嫌いである。リバータリアニズムの欠点、弱点といわれた態度がある。それは1950年代からの米ソ冷戦の時だ。もし、ソビエト・ロシアの核兵器がアメリカに飛んできたらどうするのだ、対抗しないのか、と問われた。それに対してリバータリアンたちは現実味がない答えをして笑われた。そのとき、リバータリアンたちはこう答えたのである。

「核攻撃に対しても、私たちは自分が持っているこの猟銃（ライフル銃）で戦う」と言ったのだ。

そんな馬鹿な、と思うかもしれない。核爆弾《ニュークリア・ウエポン》（大量破壊兵器）に対して、自分たちが持っているちっぽけな銃で立ち向かうというのである。しかし、これがリバータリアンのすごさである。**自分にできることだけをすればいいという思想**なのである。ここがリバータリアニズムの偉大さなのだ。核兵器の脅《おど》しに対しても、自分の持てる限りの能力で戦うしかない。そしてそれで十分だとするのである。

襲いかかってくる大災害に対しても、私たちは個々の人間の無力さに打ちひしがれることはないのである。政府（役所）に頼ることばかりを考えてはいけない。自分にできるだけのことをやって、それで安心すればいいのだ。大きな政治の力を、自分たちの手の届かないところまで持っていかれて、判断力も権限もなくされて、ただ服従するしかない。そういう政治体制に今はなってしまっている。権力に個人の力で立ち向かわなければいけないという思想なのである。大きな権力を作られてしまって、それに服従するしかなくなった私たちの現実を見直していかなければいけないのだ。

アメリカ映画で、今のアメリカの軍人たちまでもみんなで見る大好きな映画がある。『レッド・ドーン　RED DAWN（赤い夜明け）』という映画だ。日本では『若き勇者たち』（配給MGM社、１９８４年）というタイトルだ。ソビエト軍がある日、アメリカのコロラド州の内陸部に落下傘で戦車ごと大部隊で上陸してきた。そしてアメリカを侵略する事態が起きたときに、地元の高校生たちがソビエト軍と戦うという映画だ。そんなバ

「RED《レッド》 DAWN《ドーン》　若き勇者たち」
という映画には、脅威に対して
“自分たちで戦う”思想が貫かれている。

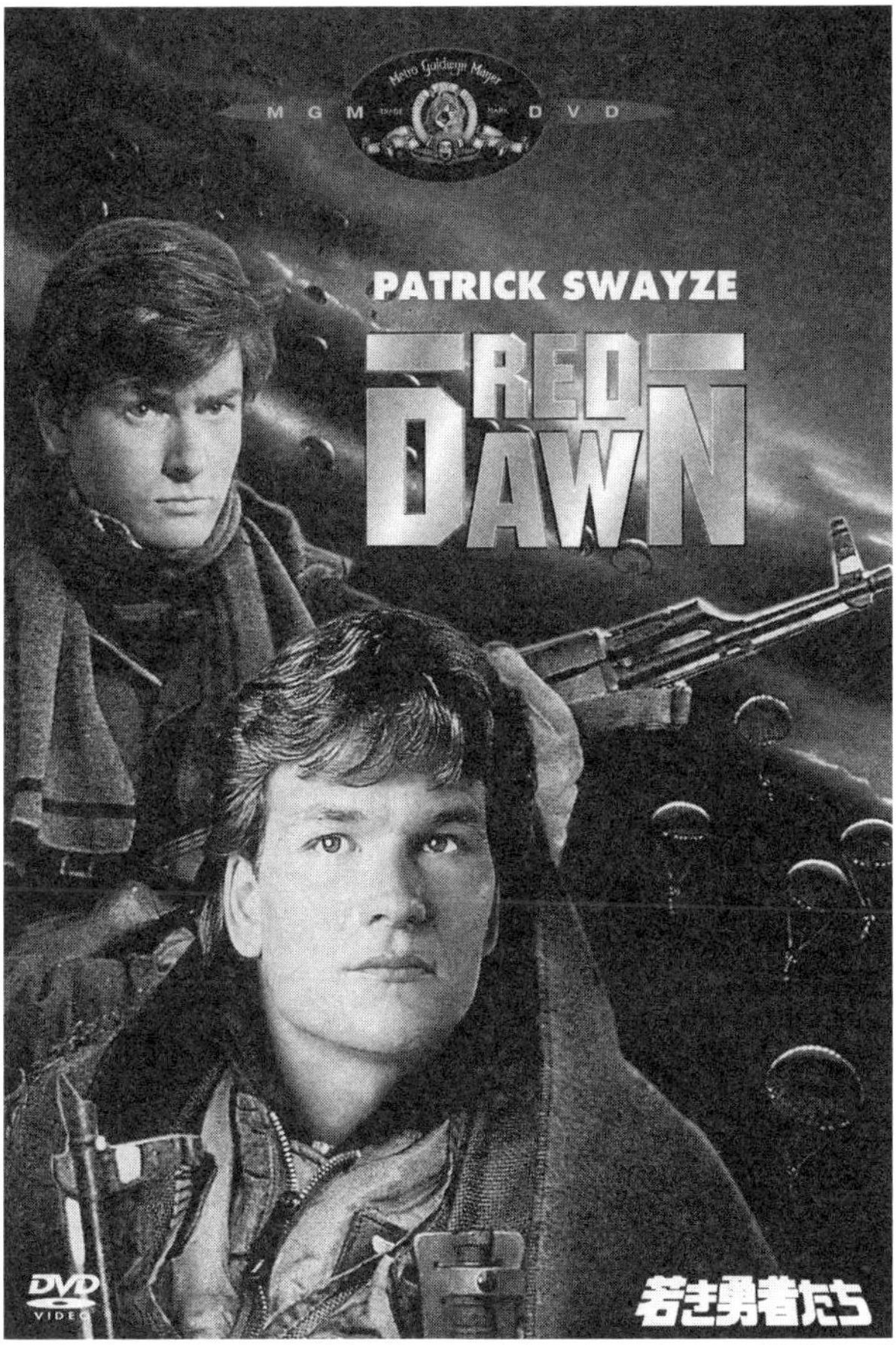

コロラド州の小さな町にパラシュート部隊が降り立ち、第3次大戦が勃発。恐怖と混乱の中、8人の高校生が銃を取る……。2012年にはソビエト軍を北朝鮮に置き換えたリメイク版が公開されるが、こちらは駄作だ。

カなと思うだろうけれど、なかなかいい映画で、アメリカの隠れた名作だ。高校生はみんな死んでしまう。

これがリバータリアンの思想である。単なる反戦平和主義ではない。自分たちで戦う。できるだけのことをする。それでいいのだ。**だから自然災害に対しても自分たちで戦う。ただ、コワイコワイ、逃げろ逃げろというだけの思想ではダメなのだ。自分自身の運命に対して襲いかかってくるものとは敢然と勇気を持って立ち向かわなくてはいけない。**

自分と家族が食べるだけの野菜なら、十分に作ることができる

次は食料の自給と備蓄の話である。自分が食べる分だけの農作物を自分で作るべきである。私は、東京の家のほかに、熱海《あたみ》に仕事用の家を持っている。別荘などというヘンな言葉は使いたくない。私は、原稿を書く仕事はもっぱらこっちでやっている。私は自分が食べるだけの野菜と果実は自分で作ろうと決めた。

実践してみて分かったことは、野菜類はだいたい3ケ月で収穫できるということだ。

たった5坪の畑でも、自分が食べる分の野菜は作れるのだ。

写真・佐々木恵子

畑は5坪しかない。しかし、南向きのため陽当りは良好だ。30坪の斜面に果樹を80本植えている。農薬（殺虫剤）は使いたくない。野菜を育てるためには、日光と水はけの良い土地と、少しばかりの栄養と肥料を与えさえすればいい。常にこの3つを心掛けている。

玉ねぎやじゃがいもは肥料が少なくても土の中に寝かしておけば、それなりの小玉ができる。

じゃがいもが一番簡単にできる。根菜であるから、上の方の茎と葉をかなり虫にやられても、土の中で成長する。かなり乾燥した土でもできる。それでも十分な日光（日陽《ひざ》し）とそれなりの雨はなければいけない。路地裏ではできない。じゃがいもと玉ねぎをできるだけたくさん作るべきだ。30個ぐらいのじゃがいもの種いもを植えれば、1つのいもから6個ぐらい取れるから、180個取れる。これだけあれば、一家庭分として十分である。玉ねぎも苗の束《たば》から5、6個できるので、3列ぐらい作れば100個ぐらいになる。お店（スーパー）で売っているような大きな玉にはなかなかならないが、半分ぐらいの小玉で十分である。昔は玉ねぎは、1個10円ぐらいで安かった。今は大玉3個で200円ぐらいである。ずいぶんと野菜は高くなった。

きゅうりも作りやすい。きゅうりはツル性の植物だが、トマトと同じで柵《さく》を作ってあげればどんどん伸びてゆく。きゅうりは花の時に虫がつかず、土の支えの棒にしっかり留めればかなり大きなものができる。プロの農家のように、ビニール栽培でなければ出来ないということはない。

農業などというほどの大それたことではない。自分が食べるだけの食料としての野菜を作るだけのことだ。野菜作りに大切なのは、とにかく、**①陽当り（日光）のよい土地であること。だから都会では絶対に無理なのだ。ただし鉄筋アパートのベランダでならできる。②水はけがよくて、十分に雨が降ること。そして、③最小限度の栄養（肥料）を与えること。**この３つだ。しかし本当は、**④つ目として「土」の問題がある。**「土づくり」が大変なのだ。この「農業用の土」のことは私にはよく分からない。「土づくり５年」とか、プロの農業者（農家）は言うから、きっとそうなのだろう。

私の場合は、元気な畑の土（表土）を土木業者に運んできてもらったので、④の「土づくり」のことはよく分からない。このことをいい加減に考えると農業の真似ごとはできない。

ピーマンは実によく出来る。かなり強い植物だ。ついでにピリ辛ピーマン（おたふく唐辛子とも言った）もよくできる。ピリ辛ピーマンはスーパーなどではほとんど売っていない。私はピリ辛ピーマンが好きだ。なすびもよく出来る。一本の苗をきちんと育てれば4〜6個ぐらい取れる。1本の苗から1個の大きななすびが取れることも多い。「選択と集中」で植物の方もよく考えて大きな実をつけようとする。

トマトはジャングルのように繁る。強い植物である。大きくて赤いトマトを収穫するのは難しい。どうしても虫にやられてしまうからだ。虫に食べられたら、翌朝には何も残っていないことがある。

トマトは中ぐらいの出来で青いままのもので収穫してもよい。食べられないことはない。お店で売っているようなベターッと赤く熟した大玉のトマトなど食べる必要はない。ビニール栽培の、見かけだけがきれいなトマトなど害悪としか言いようがない。ミニトマトの方がおいしいことが近年分かってきた。青いままのトマトを収穫して、これを味噌汁の実《み》にするとおいしい。このトマト味噌汁が最近、わが家のブームである。少しだけすっぱい（酸味がある）が、なかなかおいしい。

カボチャは土手カボチャに育てて、何年でも同じ場所に生えさせると大きなカボチャの実《み》が出来る。これも味噌汁用である。カボチャは昔から農家のそばのゴミ捨て場でも育った作物だ。カボチャこそは食料備蓄の王様かもしれない。

3〜4ケ月あれば
野菜は十分に収穫できる。

3月にホームセンターで苗を買い、植えておく。そうすれば6、7月には家族が食べるのに十分な野菜が収穫できる。（下写真）私が収穫したおたふく唐辛子とじゃがいもだ。おたふく唐辛子が気に入った。鰹節と醤油をかければとてもうまい。

自分が行ける範囲のホームセンターに行けば、1コップ190円ぐらいで、レタスや青菜の苗を売っている。それを春（3〜4月）に植えておけば、わんさか葉っぱがでて次々にちぎって取ってもさらに生えてくるから、秋まで食べられる。これで野菜サラダとして十分だ。青菜やホウレンソウは味噌汁にも入れる。ただし、これら青い野菜の苗は3〜4月にしか売られない。植えれば5〜10月までずっと食べられる。週に1回、畑に下りて取ってくればいい。5株も植えれば3〜4人分の青菜が取れて十分に食べられる。同様に、トマト、ピーマンもいくらでも出来る。

私がいちばん気に入っているのは、前述したおたふく唐辛子というやつだ。ピーマンとほとんど形が同じである。だから最近、ピリ辛ピーマンと名が変わった。きっとこっちの方がピーマンの原種に近いのだろう。ピーマン自身が、虫にやられないように自分自身を守ろうとして辛味《からみ》を付けたのだ。それを人間が品種改良して、辛味を奪い取ったのだ。このピリ辛ピーマンを生《な》のまま、細切りにして、これに鰹節《かつおぶし》をまぶして食べるとものすごく美味しい。唐辛子の一種だから汗がダラダラ出てくる。タカの爪のような唐辛子も育てるのが簡単だ。非常に虫に強い植物である。中華料理や韓国料理の基本である。

私の熱海の家の畑は5坪ぐらいしかない。それでも丁寧に世話をすればいろいろの種類の野菜をたくさん作ることができる。ひとりで食べるのには十分な量である。じゃがいも、にんじん、大根などの根菜類は、土の上に出ていないから育てやすい。上に出ているものはどうしても虫に食われてしまいやすい。だからといって農薬、殺虫剤はあまり使いたくない。肥料のやり方もよくわからない。それでも実はなる。前述した①日光、②十分な水、③肥料、そして④良い土の4つがそろえば、野菜は素人でも作れる。それを冷凍庫で備蓄すればよい。

私は3年前から80本の果樹も植えている。15、16本がみかんだ。温州みかん、ネーブル、夏みかんの種類である。そして、それらをかけ合わせたものまである。サマーオレンジという。見かけ（表面）はガサガサしているが、味はすごくいい。スーパーなどには出ていないが、果樹園農家が作って周りの人たちに配っている。都会の人間たちには分からない、田舎の本物のおいしいみかんである。キンカンも3本ある。果樹のための土地は斜面地だが30坪ある。果樹には斜面地がいい。斜面は陽当りが良く水はけがいい。

みかんの実は海が見えるところの陽当りとよい水はけのよい斜面で育つ。海のそばの斜面地が多い、和歌山県や愛媛県がみかんの産地であることは納得がゆく。きっと海からの養分があるのだろう。

それでも日本の土壌にピッタリと合っているのは、カキとビワである。酸性土壌でも良く育つ果実なのだろう。しかし、カキの実をシブガキでなく甘くして収穫するには、相当の肥料と養分を与えなければならないようだ。イチジク、ナシ、モモは温暖地ではなかなか大変だ。それでも小玉ならできる。リンゴやナシは寒冷地でなければ収穫できない。冬のものすごい寒さと夏のむし暑さの両方が必要なのである。夏と冬に、大きな寒暖差があることがおいしい果実の出来る条件であるようだ。

しつこく書くが、太陽の光が農作物にはものすごく大事だ。だから南向きの土地がいい。東・南向き以外の土地は買ってはいけない。北向きは絶対にダメだ。太陽の日差しがなければ、食物はどうやっても育たない。いくら路地栽培でも一日に数時間の日照がなければ作物はできない。

玉ねぎなんかは、プロが作れば2ケ月ぐらいでできるだろうけど、私の場合は4、5

ケ月かかった。ただ、じっとほうっておけば中ぐらいの玉にはなる。時間をかけて大きくなってから取ればいい。お店で売っているような大玉の玉ねぎにはならない。その半分ぐらいの大きさだ。それでも自分で作った喜びがあるから、おいしく食べることができる。

これから農業をやろうという若い人たちの運動がある。本当のところ、もう都会では職がないからなのだ。本気で農業をやろうとする若い夫婦には、田舎の農協や自治体が応援して２００万〜３００万円ぐらいの支度金をくれる。地方には誰も耕し手がなくなった田、畑がたくさん放置されている。その田、畑を貸してくれる。審査した上でだ。「子供も育てることができ、お金も入って生活ができます」と言う。しかし、そんなに現実は甘くはない。とてもじゃないが、農作物を農協に売って、それで一家を養えるほどの収入を得るのは大変なことだ。農協に作物を出荷して３００万円の売り上げを得ることは、並大抵のことではない。きっちりとビニール栽培をやったり、温度調節までやってボイラーで火をたいてコンピューターで管理する。そして出来た作物の売り先まで確保している人以外は、悲惨な目に遭《あ》う。何の地縁・血縁もない所に行って急に農業を始める、というのは無謀である。農業なんかじゃとてもではないが食えないのだ。

ただ、祖父の代から農家をやっていた土地に戻って始めるタイプの人は失敗しない。なぜなら、地縁・血縁に守られているからだ。周りから助けてもらえる。いろいろ教えてもらえる。遠縁のおじさん、おばさんたちがいるから、本物の農業者になれる。

農業は土が命。土壌菌を増やせば虫は寄り付かない。素人でもできるゼオライト土壌改善方法

2013年、『奇跡のリンゴ』という映画が上映される。絶対不可能といわれた〝リンゴの無農薬栽培〟を実現させた木村秋則《あきのり》氏の挑戦を描いた映画だ。木村氏は青森の農場経営者だ。木村氏の信奉者は多い。ただ、私の考えでは、無農薬栽培で成功している人たち、というのは普通のやり方をしていない。彼らは自分の畑や果樹にものすごい労力を投入している。1日15時間ぐらい畑に出て、徹底的に虫取りや栄養管理をしている。それぐらいの注意力を傾けなければ、無農薬果樹・野菜などできるはずがない。と同時

土壌菌を増やし、土壌を改善する。

ひふみ農園
群馬県前橋市富士見町小暮347-3
☎027-288-0271
E-mail support@123-akagi.com

（上写真）左が横堀幸一氏。このビニールハウスで50坪。虫に1割ほど食われるが、十分に収穫できるという。（下写真）ゼオライト。土壌菌が棲《す》む“マンション”という。このゼオライトを、10センチぐらい土を掘ってまくだけで、虫が寄り付かなくなるという。

に「土づくり」にものすごい時間をかけている。「土」こそは農業の命である。

この木村氏の手法を、自分なりに進めた人がいる。群馬県前橋市の赤城山麓《あかぎさんろく》で「ひふみ農園」を運営する横堀幸一《よこぼりこういち》氏だ。「ひふみ農園」の総面積は約４０００坪。農園を賛同者に貸し出すシステムだ。５坪で一区画。年間で４万円を出せば、一区画を借りることができる。自分の区画で何を栽培してもよい。この農園には、東京や埼玉から、週末の空いた時間に、自分で農業をやりたい人が集まってくる。

「最初は、木村さんの農法を目指してやっていたのです。でも木村さんのやり方だと、土を作るのに10年ぐらいかかってしまう。野菜用の土作りには5年かかります。なかなかうまくいかない。どうしても虫に食われてしまうのです」

木村秋則氏の手法は、土の中で土壌菌を増やし、土壌を良くすることにつきるらしい。

「土壌菌がいるから虫に食われないのです。そこで私は、ゼオライトを土にまぶす方法を考えました。ゼオライトは活性炭構造で、表面積が広い。これを土に入れると、活性炭構造のすき間に土壌菌が生育するのです。いわば、土壌菌のマンションです。ゼオライトは溶けないので、永遠に土の中にあります。ここで土壌菌がどんどん増える。だから、土壌が良くなる。いたってシンプルな考え方です」

ゼオライトを土に混ぜ込むだけで、固い土が2〜3ケ月も経てば、ふかふかになってくるという。ゼオライト“zeolite”というのは、「沸石《ふっせき》」と呼ばれる鉱物（ミネラル）の一種である。化学構造上は、「アルミノケイ酸塩」に属し、しかもその結晶構造の中に空隙《くうげき》（すき間）を持っているものだ。このすき間に土壌菌が棲《す》みつく性質を利用している。現在ではさまざまな性質を持つゼオライトが人工的に合成されるようになった。近年は比較的に安い値段で売られるようになっている。

「東京や埼玉などの首都圏でも、庭の2、3坪の土地を耕し、この方法でやっている人たちがいます。土壌菌が増えれば、虫が来なくなります。私の農業は素人です。コンピューターソフトの会社をやっています。農業は趣味で、親戚の土地が空いていたから使わせてもらったら、うまくいったのでハマっちゃったんです」と横堀氏は言う。

ゼオライトは10キロで4000円だ。10キロあれば、100坪の土地に対応できる。

「ここのビニールハウスで50坪。年に2回、ゼオライトをまくだけでいい。連作もできる。虫に1割くらいは食べられますが、収穫に影響するほどではない。10センチほど土を掘り、ゼオライトをまくだけでいいのですから」

もう一つ。サトウキビから抽出し、発酵させて作った「ライフグリーン」という液体を野菜にふりかける。

「ライフグリーンは3000〜5000倍に薄めます。1リットルの水に1cc。まあ、これはおまじないみたいなものです。ライフグリーンを野菜にまくことで、元気になる。この2つしかやっていません。野菜でも、花でも果物でも、やり方は一緒です」

ライフグリーンを一つの野菜を収穫するまでに7回まく。ホウレンソウなら1ケ月半の間に7回。ブロッコリーなら4ケ月の間に7回だそうだ。

「プロの農家は、農薬や化学肥料を使わないとできないと思っているんですよ。プロにむかって無農薬なんていうと、怒られることがあります」

米さえあれば生き残ることができる。玄米の長期保存方法

それでもやはり、備蓄の基本は米、味噌、醤油だ。野菜は冷凍にして保存するしかな

〝去年の〟大震災の直後から、私は350キロの米を備蓄して、実験した。

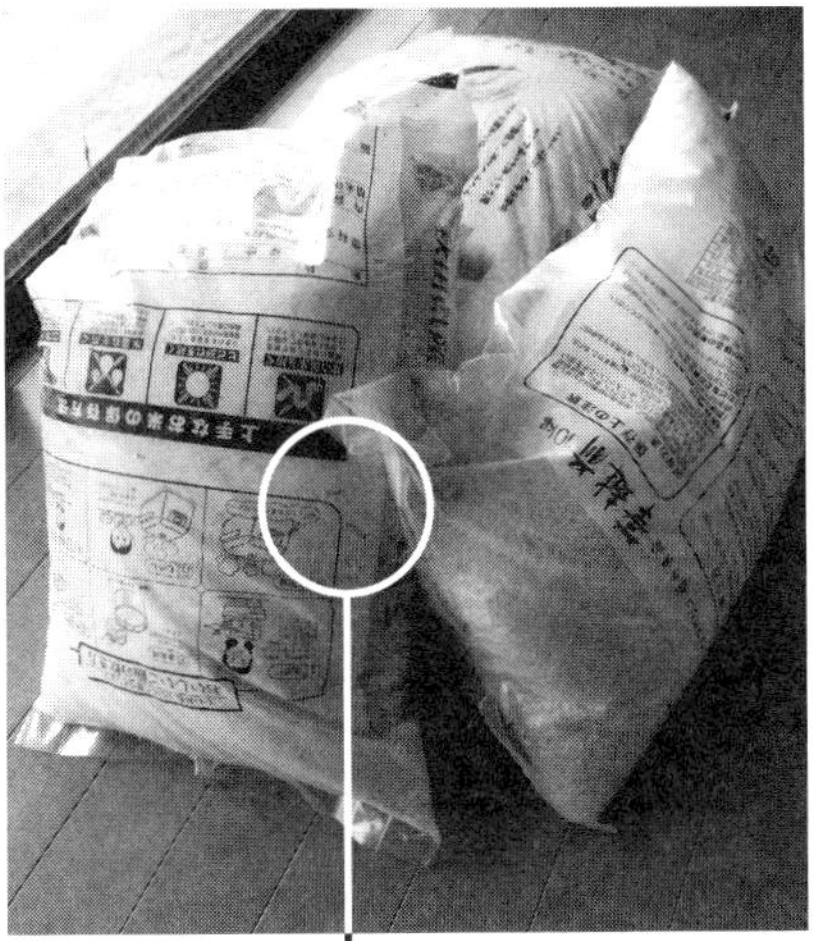

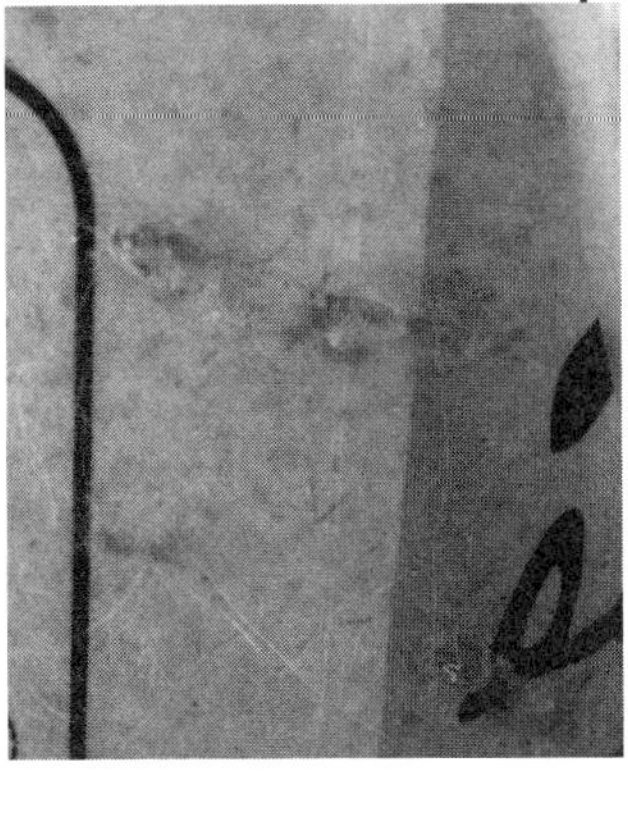

日陰で風通しの良い場所に保管した。1年半経過したが、まだ十分に食べられる。しかし、羽虫が発生するのだけは防げない。

梅雨の高温多湿の環境に耐え、長期保存をするには、やはりできるだけ完全に密閉して酸化を抑え湿気を防ぐことが必要だ。

い。それに対して米や麦などの穀物は、歴史に低温保存法（20℃以下）がある。だから、私たちは米の備蓄である長期保存について考える必要がある。米の備蓄は、多くの人が去年の大震災以来、本気で考えるようになった。だが、米は量があって重たくかさばる。10キロの米を10袋買うと100キロだ。これだけあれば大丈夫だろう。

実際、私は東日本大震災と原発事故直後、10キロの米を35袋買った。350キロだ。あちこちに配ってあげたが、今でも10キロの米袋が10袋残っている。3・11から1年半が経過したが、今でもこの米は食べられる。しかし、どうしても虫がわく。冬はいい。しかし、夏の暑さに耐えることができない。湿気のある暗い所に置くよりは、日陽《ひざ》しのある所に置いた方が良い。

米を長期保存するために、低温保存用の保冷器というものが売られている。案外、全国の農家にこれが売れている。温度を2〜15℃に、湿度を70％に保ってくれる。冷蔵庫業界で最大手のホシザキ電機などが売り出している。玄米14袋（7俵。玄米は1袋30キロで2袋で1俵とする）を保存できるタイプで、1台15万〜20万円する。形は大型冷蔵庫そっくりである。これを備蓄用に買う必要があるのかと疑問に思う。

はっきり分かっていることは、伝統的な低温保存法である。米を玄米の状態で買って、2～15℃の温度で保存することができればそれで十分なのである。冬なら15℃以下は1日中可能である。日陰の納戸のようなところに、床の通気だけ確保して積み上げておけばいい。ただ、夏の暑さが難問である。梅雨から夏場にかけての高温多湿の時期にどうしても味が落ちてしまう。

この湿気に対応するために、米の低温貯蔵で大事なのは、「シリカゲル」を入れて、玄米の低温の保存を心がけることである。シリカゲルとは酸化防止剤のことだ。まんじゅうのような贈り物用のお菓子をもらうと必ずついている。例の「食べられません」と書いてある、透明質の小粒のプラスチックの袋である。あれが酸化防止剤である。

このシリカゲルを玄米5キログラムの袋にそれぞれ数個ずつ入れておけばいい。そしてできるだけ空気（酸素）を抜かなければいけない。そのためには、真空パック（といったら大げさであるが）を使えばいい。布団《ふとん》圧縮袋でもいいのだ。例の布団の体積を縮めて薄く収納するための空気抜き機である。それでなるべく空気を吸い取って、密封・密閉したプラスチック製の袋で保存するのである。布団圧縮袋は破れやすいので注意が必要だ。

シリカゲルを5キロの玄米の袋に入れると、玄米はカチカチの状態に固くなる。これがいいのである。この酸化防止剤を入れるのが重要である。酸化こそは食べ物にとって質が落ちる原因である。ひどくなると食べ物は酸化によって腐ってしまう。だから土産物の生《な》ま菓子などには、最近ではしつこいぐらいに、あのシリカゲルが添付されているのである。玄米の備蓄においては、味を落とさないで何年か保存できることが重要な目標となる。だから、シリカゲルを必ず中に入れる。シリカゲルは1000円で200個ぐらい買える。大事なことは、このシリカゲルが酸素を吸収して、吸い上げてしまうことなのである。

もし、酸化防止剤としてシリカゲルが手に入らなければ、その代用としてホカロン（保温材）でもいい。これを玄米の真空パックの中に一緒に入れておけばいい。あるいは唐辛子を入れるといい。

農家の場合は、自分のところで穫れたお米をモミのままで保存している。そして、それを前述した保冷器に入れておく。そして自分が食べる分だけ精米の器械にかけて、1

年間少しずつ食べている。都会の消費者にはなかなかできないことである。しかし、小型の家庭用の精米機は今では2万～3万円で買える。玄米を長期で備蓄し、食べるときに少しずつ精米すればいいのだ。

今でも食べられる！　108年前の玄米保存術

実際に玄米を100年以上も備蓄した人がいる。愛知県豊田市の稲武《いなぶ》地方に古くからある古橋《ふるはし》家である。稲武地方にある古橋懐古《かいこ》館に、明治37年（1904年）に備蓄された玄米が、今でも残っている。

稲武地方は寒冷地であり、凶作が多かった。天保《てんぽう》の大飢饉《ききん》（1833～1839年前出P101）を経験した六代目の古橋源六郎暉皃《げんろくろうてるのり》氏は、その経験から玄米と塩の備蓄の重要性を周辺住民に伝えた。その伝統は後世にも伝わり、明治37年と明治39年には、玄米を500個もの石油缶に備蓄した。その玄米が今でも残っている。古橋懐古館を経営する一般財団法人・古橋会の古橋源六郎現理事長が語る。

「この玄米は、繭《まゆ》の乾燥器を使って、50℃ないしは55℃で10時間乾燥させたものです。それを石油缶に入れてハンダ付けをして密封してあります。缶の外側にコールタールを塗っています。真空に近い状態にしてあるのですよ」

石油缶に入れて保存したものが今でも百数十缶残っている。昭和6（1931）年には、この備蓄米の科学的な分析調査がおこなわれた。

「その調査結果によれば、〝淡黄色《たんおうしょく》を呈してはいるが、虫害はまったくなし。糠《ぬか》の臭いが、油紙のごとき異臭を有しているものの、物理的性質においては、ほとんど貯蔵中の変化を認めえず、3年ないし4年の貯蔵米とほとんど同量のビタミンB1を保有している〟というものでした」

さらに、昭和44（1969）年、米の増産や消費減少により、米の過剰問題が発生した際、政府部内で米の備蓄が検討され、この米を当時の福田赳夫《たけお》大蔵大臣以下、大蔵省幹部が試食した。古橋理事長は、当時大蔵省主計局で農林省の予算を担当していたという。この米は「とても明治の米とは思われない」「チャーハンならいけるのではないか」と評価され、さらに外国生活の長い大蔵省高官からは、「明治の米の方が現代米よりお

108年前に完全密閉で備蓄した玄米。

（上写真）明治37（1904）年産の玄米。日露戦争に備え、石油缶にハンダ付けをして密閉保存され、今でも百数十缶が残っている。（下写真）右がその玄米。左がそれを精米したものだ。今でも精米すれば十分においしく食べられる。

いしい」という感想が出た。

明治37年産の米が、70年後にもしっかり食べられたということである。この懐古館は昔ながらの蔵になっており、常温が保たれている。夏は涼しく、冬はそれほど寒くならない。玄米を保存するには、とにかく密封して酸素を抜き、米が酸素を吸収することを防ぐことが大事だ。そして、常温に近い温度の蔵が必要である。

さらに、古橋懐古館では「塩」も保存されている。

「〝あらめ〟という海藻《かいそう》です。山村ではかつては塩がなくなると生死にかかわった。天保の大飢饉の様子を書いた『凶荒図録《きょうこうずろく》』のなかには、〝塩分を摂るために、畳を切り刻んで炒ってカユに入れて食べた〟という話が書いてあります。労働した人がかいた汗が畳にしみこんでいる。それを炒れば塩分が摂れるということですね」

江戸時代には一揆があると、〝塩の道〟の供給が途絶えてしまった。〝あらめ〟は海藻だから、塩がくっついている。それを乾燥させておいて、塩が足りなくなった時に水に戻して食べると塩分が摂れるというのである。この〝あらめ〟も今でも食べることがで

大飢饉の時、最も苦労したのが塩分の確保だった。

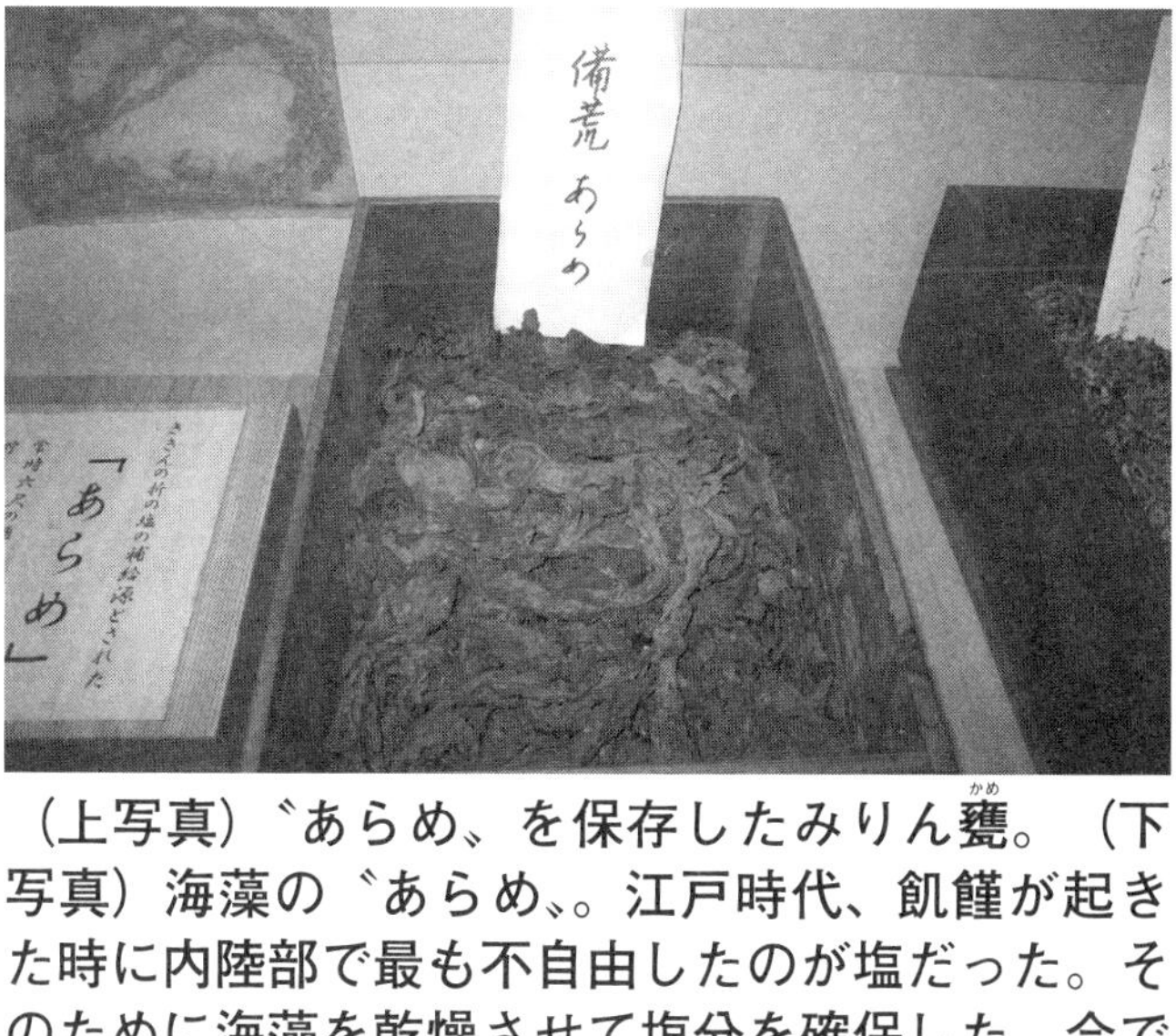

（上写真）〝あらめ〟を保存したみりん甕《かめ》。（下写真）海藻の〝あらめ〟。江戸時代、飢饉が起きた時に内陸部で最も不自由したのが塩だった。そのために海藻を乾燥させて塩分を確保した。今でも、水に戻したり、料理をすれば食べられる。

きるという。

「いざという時のための備蓄の精神は今でもやはり大事です。私たちの世代は、戦争中に疎開を経験していますから、いかに食料がないとみじめなことだったかを体で知っています。毎日腹を空かせていました。この経験は体験しないとわかりません。今の人たちは、食料なんてどこからでも輸入すればいいと思っているかもしれません。しかし、これからは世界の人口が増えていく。異常気象があれば食料が不足します。政府は食料自給率50%を目指していますが、それが達成できたとしてもまだ足りない。各個人が自分自身で備えるという心構えが必要ですし、現実に食料を備蓄しなくてはなりません。

ただし、**どんなに立派な貯蔵技術が開発されても、災害の時に政府や他人に頼らず、自己の責任において対処するという心構えがなければ何の役にも立ちません。**備荒貯穀《びこうちょこく》の背後には自立の精神が存在しています。この明治の米は、先祖の自立の精神を忘れないでください、と語りかけているような気がしてなりません」

御年80歳の古橋源六郎氏はそう語るのである。

玄米を長期保存し、野菜を自分で作り出す。肉や魚などの生《な》ま物は零下60℃の超低温冷凍庫で冷凍保存する。この方法で個人備蓄の態勢を整えれば、たとえ災害が襲ってきても、普段通りの生活ができるはずだ。

第6章

世界で、日本で、エネルギー戦争が始まっている

中国メーカーが崩壊させる太陽光パネルの価格市場
ソフトバンク孫正義の野望

シャープのベテランソーラーマンが語る日本が誇る太陽光発電技術

「第3章エネルギーを蓄える」（P66）で前述した「PV《ピーヴィ》 EXPO《エクスポ》」に、シャープが開発した最新の太陽光パネル「ブラックソーラー」が展示されていた。シャープは今は経営が大変なことになっているが、何とか生き延びてほしい。1959年から、いち早く太陽光発電に取り組んできたメーカーだからである。

そのシャープで、長年エンジニアとして従事してきたソーラーシステム事業本部のベテラン社員に話を聞いた。

「これまでの製品と比べて、表面に細かい線がない。白い部分がない。これがブラックソーラーです。太陽光発電というのは、非常に簡単なシステムです。光が当たると、P（ポジティブ、陽性）とN（ネガティブ、陰性）に分かれ、この時に電流が流れる。単純にそれだけです。普通は太陽光パネルの上側にP・N（両極）があって、裏側にプラスがあるのです。が、このブラックソーラーでは、表面に電極（電池のプラスマイナス）

シャープは経営危機だが、太陽光パネルの栄えある先駆者だ。

2500億円の赤字を出し、5000人のリストラと危機は続く。しかし、シャープは1959年にいち早く太陽光発電に取り組んだ企業だ。（下写真）現在研究を進めている次世代ブラックソーラー。変換効率は21.5%にもなる。

を這《は》わせない。表面にあると、そこが影になってしまう。太陽光が当たった時に、太陽のエネルギーをロスしてしまうのです。これをパネルの裏側にもっていったことで、ロスを少なくし、全面的に光を受けることができる。だから、変換効率（発電効率）がいいのです。ブラックソーラーの変換効率は19％。ウチの従来の発電効率は14％程度。次世代型の目標は21・5％です」

このブラックソーラー（登録商品名）は、住宅用など面積が狭い場所用に開発されたものだ。

次にメガソーラー。シャープは、個人用と、メガソーラー用の両方の太陽光発電パネルを開発している。こちらもいたって簡単な仕組みだ。

「1枚のガラスを真空装置に入れて、シリコンが含まれたガスを入れる。するとガラスに2ミクロンのシリコンの薄い膜ができる。これだけなのです。ガラス一面に吹き付けて、1個の電池ができる。これで0・5ボルト出ます。これをたくさんつなげることで何百ボルトにもなります。これは変換効率が10％ぐらいですが、値段が安い。また、熱にも強い」

Ｐ52で先述したが、シリコンは、表面温度が上がるとその熱のせいで発電効率が落ちる。メーカーが発表する変換効率は、たいてい表面温度が25℃のときのもの。ただ、実際には常に25℃というのはありえない。暑い地方に行けば、表面温度は簡単に70℃の高熱になる。アッチッチである。その時、発電量は「公称出力」から約２割も減る。だが、熱に強いメガソーラー用なら、１割の減少で済むという。

もう一つ。緯度の問題がある。

「水に反射させれば分かるのですが、太陽光には青い光と赤い光がある。赤道に近くて緯度の低いところや、夏には太陽が高いところを移動しますから、（７色のスペクトラムのうち）青い光が多いのです。逆に緯度の高い北の国では、赤い光が多い。これは夕日を見ると分かりますね。夕日は紅《あか》いですよね。真昼間の太陽光は白いでしょう。あれは青い光です。で、うちのこのメガソーラー用パネルは、青い光に強い。赤道に近くて暑い地域は、こっちの方が断然有効なのです。逆に、日本は緯度が高い（北緯35度）ので、あまり向いていない。東南アジアやアラブの方など、土地の値段が安くて暑い地域向けなんです」

なるほど。太陽光発電は、日本なら南向き30度の斜面が理想である。斜面の角度は、その地域の緯度に合わせる。赤道だったら水平、即《すなわ》ち地面にぺったりつける。北極圏だったら垂直、即ち縦に立てる。だから太陽に向かって、パネルが直角になる時間が長ければ長いほどいい。

「太陽光パネルを設置する方角によって発電量は違ってきます。北向きでは半分。東・西向きなら2割は発電量が落ちてしまう。あとは地域差です。発電量は年間の平均日射量で決まる。日本なら、いちばんいいのは長野県の松本市です。雪が少なく、年間を通して湿度が低い。湿度が高いと、空気中の水蒸気が多くて太陽光を邪魔するんです。東京は残念ながら発電量が長野に比較して落ちます」

スモッグやチリが多くて、太陽光を遮《さえぎ》る邪魔物が多いからだという。沖縄は雨が多い。ほかに発電量が良いところでは、広島・岡山などの瀬戸内海。あとは静岡・愛知。温暖で雪が降らず、晴天が多い地域が好適なのである。北海道でも帯広市なんかは、発電量が多いという。

次に、耐久年数である。今のこのブラックソーラーならば25年間は間違いなく稼働するという。

「まだ、（年数の）実証はされていませんがね（笑）。ただ、奈良の飛鳥《あすか》地方に壺阪寺《つぼさかでら》という寺があります。文楽で有名で、目の悪い人向けのご利益がある寺なのですが、30年前、シャープはここにソーラーパネルを設置しました。夜に観音様を照らすライトアップ用です。それが今でも動いている。この時のものより、今の技術で作ったものの方がかなり長く保つはずです」

このようにソーラーパネル本体であるシリコン（半導体）は問題ない。ほとんど完成した技術だ。１００年は保《も》つ。だが、太陽光パネルどうしをつなぐハンダ付けの部分がどうしても壊れやすいそうである。露出している金属部分がさびてしまい、接触不良を起こす。ここが現在の太陽光発電の弱点である。このせいで、発電量が下がるなどの故障が起きる。ソーラーパネルの故障といえばほとんどはこのハンダ付け部分である。だが、シャープのブラックソーラーは、この金属（ハンダ）の露出部分がほとんどないので、壊れにくいそうだ。

「50年は保《も》つと期待しています。50年ずっと発電し続けたら、絶対に得ですよ。まあ、大きな隕石《いんせき》でも落ちたら別ですが（笑）。雹《ひょう》や霰《あられ》ぐらいなら大丈夫。だから、私は若い人に言っているのです。〝太陽光発電をつけないと損だよ〟と。家を建てると決めたら、南側に斜面（屋根面）のある家を作って、パネルをできるだけ多く載せればいい。10年間で元を取って、後は丸儲けですよ」

2012年7月施行、再生エネルギー全量買い取り制度でエネルギー戦争が始まった！

現在、太陽光発電を取り付けている一般家庭の平均出力は、4キロワットだ。これで4人家族を十分まかなえる。設置費用（工事代金を含む）の平均は1キロワットで約50万円だ。4キロワットなら4倍して200万円が平均価格である。

この価格を基にして、経済産業省が買い取り価格（売電価格）を決めている。2009年から2010年3月までは1キロワット48円だった。2011年3月からは42円で、この売電価格が今も続いている。

「買電価格を24円、太陽光の売電価格を42円に設定し、〝逆ザヤ〟にしている。これは太陽光発電を普及させるためです。２０１３年からはこの売電価格が40円を切ってくると思います。経産省は、買い取り価格をゆくゆくは20円にしたいのです」

　経産省傘下にＮＥＤＯ《ネド》（新エネルギー・産業技術総合開発機構）という大きな独立行政法人（前述Ｐ60）がある。前身の「新エネルギー総合開発機構」ができたのが１９８０年。第一次オイルショック（１９７３年）が起きて、石油がなくなる危険に日本は直面した。そこで石油に頼らない新エネルギーを開発する必要性に迫られた。その中の一つが太陽光発電パネルだったのだ。

　ＮＥＤＯが２０００年頃に考えた目標はこうだ。太陽光の発電コストを1キロワットあたり２０１０年に23円。２０２０年に14円。２０３０年には7円に急激に下げるつもりだった。23円は一般家庭用の電気料金だ。14円で中小企業が電気を購入している。大企業なら払っているのは1キロワットでなんと10円だ。7円というのは２０００年当時、原子力の発電コストといわれていたものだ。

　このＮＥＤＯ（経産省）の目標が実現していれば、石油・石炭で発電しなくて済むはずだった。安い原子力と、同じく安い太陽光とほかの再生エネルギーの2つですべての電力を賄うつもりだったのだ。原子力で半分（50％）、太陽光とそのほかで半分（50％）を生み出す計画だったのだろう。ただ、現状では、この目標はまったく達成されず、今でも太陽光発電のコストは1キロワット40円を切った程度にすぎない。何か、ここには隠された裏の秘密がある。アメリカからの大きな圧力や妨害が働いたのだろう。

第2章（P28以下）で先述したが、日本の太陽光発電パネル普及の歴史を見ると、1994年の「系統連系《けいとうれんけい》」がターニングポイントだった。

「あの時の〝逆潮流《ぎゃくちょうりゅう》〟は画期的なことだったのです。世界で初めての〝売電制度〟でした。もう一つ、通産省（当時）が1994年にやった画期的なことが、住宅用太陽光発電に補助金をつけたことですね。国が消費者に補助金を出す（法人＝企業には出さない）のは、初めてのことだった」

1994年当時、1キロワットの設置費用は約300万円だった。2005〜2006年で、やっと3分の1の100万円になった。今は1キロワットで50万円だ。補助金は初めは1キロワットあたり18万円だった。1994年からこれは10年間続いた。しかし2005年には打ち切られた。最後の年の補助金額は1キロワットあたり2万円だった。

この打ち切りが失敗だった。1995年以来、右肩上がりに普及率が上がっていたのに、打ち切ったことで太陽光発電の普及率がガクンと下がってしまった。そこで2009年に補助金を復活した。今は1キロワットあたりで3万円ほどの補助金が出ている。設置費用が1キロワット50万円程度だから約0・6割の補助金だ。

「経産省は、補助金を復活させるとともに、余剰電力の買い取り制度もスタートさせました。2009年以前も電力の買い取り制度はあったんですよ。その時は24円で買電価格と売電価格が同じだった。2009年以降、そこにインセンティブをつけたわけです。スタート時の買い取り価格は48円。この〝逆ザヤ〟で生まれる負担を、電力会社の負担にした。電力会社からしてみれば、原子力を使えば7円で作れるものをわざわざ48円で買い取るわけですから、その分は電気料金を上げて（太陽光発電促進付加金）、結局は国民に負担してもらいます、という言い分となるのです」

そして2012年の7月、ついに再生エネルギーの全量買い取り制度が始まった。これまでは日本の買い取り制度は、あくまで余剰電力のみだった。発電した電力は自分のところで使うことが前提だ。余った分を電力会社に買い取ってもらう。電球1個でもいいからつけておかなくてはいけなかった。それに対して、固定価格での全量買い取り制度は、ソーラーで作った電気の全量を電力会社が買い取る。電力会社にとってはつらい制度である。

この全量買い取り制度をいち早く導入したのが、ドイツである。ドイツは2000年に「ＦＩＴ」（フィード・イン・タリフ）という名前の制度を導入した。このあと、ドイツでは太陽光発電が一気に広まっていった。しかし、この制度は後にひずみを起こした。即ち、電気料金がどんどん上がってゆく原因になったのだ。この制度が、日本で7月に始まったばかりの制度なのだ。ひずみについては後述する。

「ドイツの〝ＦＩＴ〟に対しては、日本の経産省も、ほかの国も冷ややかでした。ところが、これがうまくいったのです。２００4年から本格的にスタートして、ドイツでは、太陽光発電パネルの普及率が順調すぎるぐらいに伸びた。これを見て、イタリア、スペインが真似してやり始めました」

１９９４～２０００年までは、日本が太陽光パネルの先進国で、パネルの設置量は世界1位だった。しかし、「ＦＩＴ」もあり、２０００～２００８年にはドイツが逆転して世界1位。そしてその後に躍り出たのがスペイン。２００９年、突然、新規設置量が世界1位となる。

「スペインでは買い取り価格が高く、みんなこぞって取り付けた。でも、スペインの国民がつけるのではない。投資対象になったのです。外国からの投資ファンドがどんどんスペインに進出した。土地を手当てして、それに銀行でファイナンスして、電力会社と話をつける。出資者をつのって太陽光のファンドを立ち上げた。これは利回りを計算する投資ビジネスです。太陽光発電が、金融商品《ファイナンシャル・プロダクト》になったのです」

この話を受けて私はピンときたのだが、ソフトバンクの孫正義《そんまさよし》氏が今やっているのは、まさにこれだ。太陽光《ソーラー》発電を金融商品にしているのである。利回りを計算し、十分採算が取れると踏んだわけである。

ソフトバンク孫正義氏が抱く「電力供給会社になる」野望

ソフトバンクは、大規模太陽光発電所（メガソーラー）を京都市で4200キロワット、群馬県で2400キロワット、既に稼働させている。2014年には、北海道苫小牧市で11万1000キロワットのメガソーラーを動かす計画だ。いずれもソフトバンク子会社のSBエナジーが担当している。

7月から始まった全量買い取り制度では、42円で20年間確実に買い取る。この価格で電力会社が買い取る義務がある。ほぼ確実に孫氏は利益を出せると判断した。そして今も猛進中である。

この〝逆ザヤ〟のお金、つまり高く買い取る場合の差額を、スペインでは国民の税金から出していた。外国がどんどん出資する金融商品に対して、スペイン国民が負担していたわけだ。そのため、スペインのこの政策は早々に破たんした。スペインは2009年に新規設置量が世界1位になったものの、このあとすぐに大幅に買い取り価格を引き下げた。このために翌年には設置量がゼロになった。誰も安い買い取り価格では付けな

ソフトバンク孫正義氏の野望が メガソーラーに見える。

©共同通信

京都市伏見区で動きはじめたSBエナジーのメガソーラー4200キロワット。総パネル数は約1万7000枚だ。群馬県榛東《しんとう》村で2400キロワットがすでに稼働。北海道苫小牧市では11万1000キロワットを稼働予定だ。孫正義氏の野望は着々と進んでいる。

くなったからだ。

一方、ドイツの場合は電力会社が負担し、税金は使っていない。ドイツは太陽光発電パネルの設置量を順調に増やし、世界1位の座に返り咲いた。ところが、そうはうまくいかなかった。

ＥＵ内で、２０２０年までに、再生エネルギーの比重（その中心は太陽光）を20％にする法律ができていたことも大きく作用した。

「ＥＵ内で、このことでフランスとドイツの主導権争いになりました。ドイツは一番乗りしたかったわけです。だから、電力会社に対して強権を発動した。ドイツは再生エネルギーの比率を２０５０年にはなんと50％にする目標でした。しかもドイツは今や原子力を否定しています。それに対してフランスは、原子力の国ですから、３年前までは太陽光なんて気にしていなかった。それがドイツでうまくいったので突然、導入に参入し始めた。政治的な主導権争いと、電力会社、環境問題、さらに投資ファンドまでからんできて、太陽光発電パネルは、技術的な話よりも、もっと大きな国際問題になっています」

この全量買い取り制度が７月から日本で始まった。しかし、日本の場合は、現実問題として土地がない。

「スペインやイタリアは日光が照っているし、山も少ない。日本と日射量が全然違う。さらに、国の垣根を越えて、電力網も整備されている。ところが日本は山を削れない。綺麗に整地された、陽当たりの良い、送電のための高圧線がそばを通っている場所がない。ですから、浮島（神奈川県川崎市・東京電力）とか、堺（大阪府堺市・関西電力）などの埋立地にメガソーラーを作っているのです」

私は気づいた。なぜソフトバンクの孫氏が、菅直人首相（当時）に向かって〝20年間固定価格にして42円で買い取ってくれ〟と要望したのか。これがその理由だったのだ。高い価格でなければ儲からないという計算なのである。

あの〝ワル〟の孫正義氏がメガソーラー推進の国家計画のすべてを決めたのだ。

東日本大震災と原発事故の影響もあり、まんまと勝ち取った非常に高い価格設定だった。孫氏は自分が作った電力を、既存の電力会社の送電網を使って送れるようになるわけだから、全国の電線と電柱が自分のものになったようなものだ。この手口はまさしく、

ＮＴＴ（旧電電公社）を痛めつけて「通信の自由化」で電線網をソフトバンク（旧ボーダフォン、旧Ｊ－フォン）が自由に使えるようになった、あの手口と同じである。「自分が発電側になる」という野望で動き出したわけだ。

太陽光発電パネルの設置量を順調に伸ばしているドイツでさえ、買い取り価格を下げざるを得なかった。なぜなら、これが電気料金に撥《は》ね返ったからだ。平均的なドイツの家庭で電気料金が月額２０００円（20ユーロ）も上がったからだといわれている。

「ドイツでは1年に1回、政府が買い取り価格を見直していました。それが、半年に1回、３ケ月に1回と、見直し時期が短くなっている。さらには、買い取り制度そのものをやめる、なんて話もある。スペインも他国の参入企業がやりすぎたので、政策が破たんした。日本では3年後にこの価格を見直すことになっています。その時には、今の42円からガクンと買い取り価格が下がるのではないでしょうか」

世界シェアトップ10入りは
日本はシャープだけ。
トップ10企業でもすべて赤字だ。

太陽光パネルのシェア1位は中国の「サンテックパワー」。発電効率は14.8%と低いが、低価格設定で日本市場でも台頭している。しかし、そのサンテックでさえ業績は赤字だ。中国の新興メーカーだけが黒字で、太陽光市場は世界中で価格が暴落している。日本のメーカーには厳しい状況だ。

太陽電池メーカーの2011年生産量トップ10

1位 ・サンテックパワー（中国）2000メガワット
2位 ・ＪＡソーラー（中国）1600メガワット
3位 ・インリー（中国）1580メガワット
4位 ・ファーストソーラー（米国）1500メガワット
5位 ・トリナソーラー（中国）1400メガワット
6位 ・シャープ（日本）1350メガワット
7位 ・カナディアンソーラー（カナダ）1200メガワット
8位 ・モーテック（台湾）1100メガワット
9位 ・ジンテック（台湾）1000メガワット
9位 ・ネオソーラー（台湾）1000メガワット

出典）EPIA、株式会社産業タイムズ社「太陽電池産業総覧2012」より

日本一のシャープでさえ世界では6位。中国メーカーが席巻する太陽光パネル市場

世界市場では、既に太陽光発電パネルの価格の暴落が始まっている。どこまで下がるか分からない。シャープの経営危機（2012年8月）で、この動きがさらに加速する。

太陽光発電パネルが暴落している理由は2つある。まず第一の理由は、市場価格とコストがかけ離れていることだ。

中国には太陽光パネル製造メーカーが何百とあるが、どんどんつぶれている。中国の大手メーカーも軒並み赤字だという。1位の中国サンテックパワーですら赤字。4位はアメリカのファーストソーラーで、ここも去年は赤字。シャープも赤字だ。黒字なのは中国の新興勢力だけなのだ。

世界の太陽電池の発電量トップ10社でいえば、日本はシャープだけが6位につけている。アメリカが1社、カナダが1社、あとは中国と台湾で7社だ。

「太陽光パネルは、もう技術が成熟してしまっている。ターンキー方式といいまして、

ドイツのシュミット社が作った製造機械に入れれば、誰でも作れてしまう。この機械を中国がどんどん買うわけです。太陽光発電についていてたいして知らなくても、政府からお金を借りて、ドイツで機械を買い、材料を買ってくれれば出来上がる。サンテック社は10年やっているメーカーです。でも、新しく参入した企業ほど機械の性能がいいから、いいものを安く作ることができる。だから新興メーカーだけが黒字になるのです。

太陽光パネルには、見栄えというものがないんですね。中国製の太陽光パネルで作った電気が汚くて、シャープ製が他社より〝美しい〟ということもない（苦笑）。だから差がつきにくい」

そして安い理由のもう一つが供給過剰だ。作り過ぎである。世界中で太陽光発電パネルへの需要は15ギガワットであるのに対して、生産能力は倍の30ギガワットある。

「作り過ぎなんです。オランダのロッテルダムにある倉庫は、昨年、太陽光パネルで満杯になったそうです。中国政府は、それにもかかわらず、生産調整もしないで出来上がったものをどんどん叩き売る。現金を回収するためです。そうすると市場価格が暴落して、真面目にやっているところはどうしようもない。そういう事態が世界の太陽光パネル市場で起こったのです。だから、太陽光パネルを作って売るなんてのは儲からない。商売として厳しい。中国に全然勝てないのです」

ただ、太陽光発電パネルを日本で売っている分にはまだ儲かるようだ。欧州と日本での値段が大きく違うためだ。

「日本には業界の参入障壁があるからです。一般的に住宅用の太陽光パネルは、街の工務店が販売、設置します。でも、この工務店は、シャープ、京セラ、パナソニックなどのメーカーが全部押さえている。だから、外国メーカーはなかなか入ってこられない。

住宅用なら、メーカーが10年保証します。工事も含めて保証する。その安心感がある。だからまだ、日本国内で商売が成り立つ。たとえば、中国のメーカーであれば、10年後にはつぶれているかもしれない。ならば中国製を買うより、ちょっと高くても、10年保証がある日本の大手メーカーのものという発想になる。ところが、これがメガソーラーになったら話はぜんぜん違います」

シャープでいえば、ソーラー事業部の売り上げは全体の8％だ。海外が3分の2、国内が3分の1。日本国内の需要は住宅用が85％であるのに対し、産業用が15％。だが、ヨーロッパはこの逆の構成だ。日本でも固定価格での全量買い取り制度が始まり、産業用のメガソーラー（1000キロワット以上）の比率が高まってきた。事業用の太陽光発電の供給量は昨年の3倍になるだろう。

事業用が増えてきたら、中国メーカーに日本の市場を席巻される。シャープも、パネル単品売りでは相手にならない。それでシャープはトータルシステムソリューション事業部というのを作ったわけだ。

タイのロッブリ県で展開するメガソーラーが、まさにこれだ。縦1キロメートル、横2キロメートル。発電量が73メガワットというとんでもない大きさである。（次章、P215で私が見に行った中部電力の7・5メガワットのメガソーラーの約10倍である）

「三菱商事、タイの会社、香港の電力会社が合弁で起こした会社に、シャープがメガソーラーを提供しました。従来ならここで終わり。ところが、現地のゼネコンと一緒に工事をやり、系統につなげるところまで全部を請け負った。この付加価値の部分をお金にしていく。さらに、メンテナンス会社を作り、25年間メンテナンスすることで、お金を稼げるようになっているのです。これがトータルシステムソリューション事業部の仕事です。もう一つ進んで、イタリアでは、エネルという、欧州で2位の大手電力会社と組み、シャープが発電所を持って売電している。シャープが電力会社側になっているわけです。これまでのように、家電やパソコンを作って売る、ではわが社はもたない。中国製のものに勝てっこないですから」

欧州、日本とはまったく違うアメリカの太陽光発電市場

次はアメリカの現状である。仕組みそのものの輸出、この点でチャンスがあるのが、アメリカ市場であった。ヨーロッパに比して、アメリカの太陽光発電市場はまったく性格が異なる。国の政策として、補助金や固定価格買い取り制度を導入する気もない。だが、太陽光の発電所が最も増えているのがアメリカだ。

「連邦政府ではなく、50州ある州政府が政策を決める制度になっている。ここがかしこいのです。州政府の政策は、アメとムチです。ムチの方では、〝RPS〟(Renewable Portfolio Standard　再生可能エネルギー・ポートフォリオ基準)という政策です。電

日本国内の太陽光市場に外国企業が進出し始めている。

アメリカの太陽光発電ディベロッパー、ウエストホールディングス社。土地、資金、パネルの調達からメガソーラーを作るための手配まで、すべてやってくれる。「PV　EXPO」の展示では、「スマートコミュニティ構想」と銘打ち、注目を集めていた。日本のジャスダック市場に上場し、株価は年初の650円から1400円に上昇した。

力会社に対しては、〝再生エネルギーで〇〇％発電せよ〟という要請をする。できなければ罰則を与えます。アメは、〝キャッシュブラウン〟という制度。電力会社でなくても、太陽光発電所を作って電気を作れば、その分税金をまけてくれる。そのため、まったく電力と関係なかった企業が、儲かっている時に税金対策として電力会社を自分で始めるわけです。節税になる上に、発電すれば儲かる。これを各州政府単位でやらせる。その結果、全米各地に太陽光発電所がどんどん増えています」

日本では、全電力供給における太陽光発電の割合は今でも１％に満たない。それに対してアメリカも１％である。ドイツでは太陽光を含む再生エネルギーで25％になっている。

アメリカには、発電所作り専門のディベロッパーがある。これも、欧州、日本と大きく違う点だ。たとえばウェストホールディングス社。発電業者になりたい企業があれば、土地を探し、銀行に話をつけ、材料を仕入れてくれる。このウエストホールディングス社は日本にも進出し、ジャスダック市場に上場した。ウエストホールディングスの株価は、年初の６５０円から、今年９月には１４００円にうなぎのぼりした。

「ディベロッパーが全体のシステムを設計して、発電所を作る。アメリカには、このディベロッパーに大手5社があり、全部を握っている。このディベロッパーと話ができないと事業参入ができない。だから、わが社は大手5社のうちの一つ、リカーレントエナジー"Recurrent Energy"を、2010年に300億円で買収しました。アメリカでは、ここを握らないと何もできません。ノウハウが要るからです」

だが、このシャープの試みも頓挫《とんざ》しようとしている。経営危機から脱するため、太陽電池事業の絞り込みを始めたからだ。赤字が続くヨーロッパ市場からも撤退し、アメリカで買収したリカーレント・エナジーも売却する方針である。イタリアエネル社との合弁事業も頓挫するかもしれない。シャープは、世界シェアトップ10からいなくなってしまうだろう。国内住宅用市場で勝負するしかないのだ。

オバマ政権が2009年に始まった時、大評判になったのが「スマートグリッド」という言葉だ。まとめて「グリーン・ニューディール政策」と言ったが、今や影も形もなくなった。スマートグリッドの「グリッド」とは送電線網のことだ。

アメリカでは、発電と送電が完全に分離している。日本の経産省の発送電分離反対論者が、反対の理由として挙げるのが、アメリカの停電の多さである。経産省の反対派は、〝発送電を分離せず、電力会社10社にこれまでどおり運営させるのがよい。日本では大停電が起こさないでやってきた。ここを崩してはダメだ〟と主張する。経産省の官僚たちの愛国派は必死で抵抗している。ところが、ここにも孫正義氏が登場して、発送電分離を強力に、アメリカの後押しもあって推進している。2012年7月21日に、経産省の専門委員会が発送電分離の全面自由化方針をまとめた。まだ法律にはなっていない。だが今後かなりのところまで孫正義氏が押し切ってゆくだろう。

ソフトバンクの孫氏は、発送電を分離して、ビジネスにしたいと思っている。狙いは、電力を発電する側、電力会社側になることだ。ただ、電力会社が送電線を握っていたら送電できない。だから、発送電を分離させて、電力を自由にやりとりできるようにしたい。というのも送電線を設置するのは、ものすごくお金がかかる。1キロメートルの高圧線を張るのに、約1億円かかるという。鉄塔を建て、送電線をつなげるのにだ。これは、通信業界をNTTが全部押さえていた仕組みと同じである。ソフトバンクの孫氏は、

１９８０年代にこの通信業界に入っていって、儲けることができた。そして今、発送電分離をさせて、自分がソーラー発電をビジネスにしている。ＮＴＴが引いていた通信網にただ乗りしたのと同じことを実行しているのである。

第7章

メガソーラー人気は3年で終わる

あまりにも不安定な太陽光の出力、
国の主要電力にはなり得ない

ソーラーの総パネル数４万枚。日本で４位の7・5メガワットを発電する中部電力のメガソーラー「たけとよ」

私は電力会社の手先ではない。これまでも言論人として、電力会社に騙され、原子力発電所の見学付きヨイショ（讃美）記事など書いたことがない。だから冷然と、今の電力問題についても発言できる。

原発事故を起こして電力会社が国民の批判をこれほど浴びている時代はなかった。電力会社は、民間企業（株式会社）のふりをした独占事業であり、多くのいかがわしい裏《うら》政治を長年やってきた。とりわけ、自民党とくっついて本当は電力会社（と農協）が戦後の日本政治を動かしてきたのだ、と私は睨《にら》んでいる。

私がこう書いても電力会社の幹部たちはもう反論さえしないだろう。電力会社は何があろうとこのあとも国策会社として国民の電気を握ってゆく。ただし、これまでよりももっと露骨に政府（即《すなわ》ち官僚たち）の統制下で動かされてゆく。福島原発事故の責任（被害弁償）を、これまでどおり表《おもて》の方は「東京電力株式会社」がやらされる。しかし実体は国有企業になってしまっている。被害者たちからの賠償請求のグチャグチャの仕事だけは「(株)東電」にやらせて、あとは従来どおり電力事業の国家的運営を続けるのだ。それに対して私たちは、お上《かみ》になるべく頼らない「個人備蓄の思想」で立ち向かわなければならない。

日本のエネルギー資源自給率は、わずか4％だ。ほとんどは石油と天然ガスと石炭とウラン鉱石の輸入に頼っている。自給している分の4％の内訳は、水力が35％。廃棄物発電が27％。地熱が13％。国内産のガスが11％、国内産の石油が10％。太陽光はいまだ、この中に計上できるほどの発電量に達していない。当然、自給品ではないウランはここには入らないので、原子力は入らない。

再生エネルギーの全量買い取り制度が始まり、日本各地にメガソーラーが立ち始めた。愛知県知多半島に、中部電力のメガソーラーがある。最大出力7500キロワット（7・5メガワット）の「たけとよ」だ。一般家庭の2000世帯分の電力を発電するそうだ。隣には、武豊《たけとよ》火力発電所が隣接していた。

「天候が良ければ、4000世帯分まかなえる時もあります。ただ、300世帯分に落ちることもある。平均して２０００世帯ということですね。太陽光発電は、CO_2を排出せず、昼間の電力使用量が多い時間に発電するというメリットがあります。だけどですね……。夜間に発電できないし、発電量の変化が大きい。一定していない。このデメリットが、工場を動かすエネルギーとしてはどうしても弱点となります。安定的に電力を供給できるか、この点が、メガソーラーの今後の課題です」

そう語るのは、中部電力武豊火力発電所所長の永崎重文《ながさきしげふみ》氏である。

私が７月に現地を訪ねた時の天気は、曇りと小雨だった。発電量は、多くても１７００キロワット時《パーアワー》だった。

５００メートル四方の敷地に約４万枚のパネルが並んでいる「たけとよ」は、無人で運転されている。テレビカメラで遠隔監視していた。点検は２ケ月に１度で、少しずつ点検しているという。

「運転開始から約１年が経《た》ちますが、今のところ大きな故障はありません。海のすぐそばなので、鳥が拾った貝を空から落として、傷ついたパネルがわずかにあるくらいです。海の塩害も問題はありません。家庭用のソーラーパネルでも〝海から５００メートル以

パネル数4万枚で7500キロワット、日本で4位の「メガソーラーたけとよ」。

1位が東電の扇島（神奈川県川崎市）で1万3000キロワット。2位が関西電力の堺（大阪府堺市）と東電の米倉山（山梨県甲府市）で1万キロワット。「たけとよ」はそれに次ぐ第4位の規模だ。（下写真）右が永崎重文所長だ。

内は避けてください〟と言います。でもつけている人はいっぱいいる。ここでは取り付け部材は塩害に強いものにしてあります。雨が降れば、塩の結晶も流れます。自然にお任せですね。太陽光パネルは案外と強い」

着工は２００９年９月だ。工事に２年間かかり、２０１１年10月に運転開始した。中部電力は、ほかに長野県飯田市の「メガソーラーいいだ」（１０００キロワット＝１メガワット）を持っている。そして２０１４年には、静岡県静岡市清水区で「メガソーラーしみず」（８０００キロワット＝８メガワット）も運転開始するそうだ。

電力会社は、明らかにこれまでソーラーを嫌ってきた。その普及を妨害してきたとさえ言える。電力供給は火力と原子力で足りる。確かにそうなのだ。だが、世界の動きがソーラーを目指していたので、無視できなくなった。それで、こんなものも作り始めていたのだ。

「太陽光発電は無意味とは言いません。石油やガスのような燃料がいらない。人類には必要です。しかし発電出力があまりにも少ない。かつ不安定です。蓄電して、太陽光で主要な電力をまかなうのは、今は夢物語ですね。出力の不安定さを補おうとしても、それに必要な蓄電池の値段がどうしても高いですから」

永崎所長はまじめでいい人なのだ。頭もいい。電力やエネルギー政策のこともよく知っている。だがやっぱり、今の追い詰められている電力会社の苦境をよく表していた。

〝自分たちはこんなに努力して安全で安心できる電力を、長年消費者（国民）に提供してきたのに、なぜこんな悪者扱いされなければならないのか〟という憤怒の情にかられていた。

電気料金が月2000円増。メガソーラーが増えれば、ソフトバンクと中国太陽光メーカーがぼろ儲け

太陽光発電が普及すれば、奇妙な話だが電気を利用する国民が払う電気料金がどんどん上がってゆくのはどうも確かなようだ。

「ドイツでは、再生エネルギーの買い取り制度で利用者（国民）が負担する1ケ月の電気料金が1200円（12ユーロ）です。まもなく2000円になるともいわれています。

負担したお金が、国内メーカーや各市町村の自治体に回っている分には、いいと思います。ですが、使われているパネルは、安い中国製が多い。ソーラーで世界ナンバーワンだったドイツの“Q－cells《キューセルズ》”という企業が2012年の4月に破たんしました。こうやってドイツ国内のお金が中国に流出してしまっているのです」

この状況は既に日本でも始まっている。ソフトバンク（その子会社のSBエナジー）は、京都で約9万平方メートルのメガソーラーを動かしている。京セラがシステム設計や施工を担当した。しかし、ソフトバンクの孫正義《そんまさよし》社長は、今後は価格の安い海外の太陽光パネルを採用する可能性を公言している。

「今年は100円、来年はさらに100円が上乗せされ200円、3年後なら300円。10年後には1000円多く利用者が負担することになります。太陽光が普及するための呼び水的な制度ですが、それならその分だけ国内が潤《うるお》わないといけない、と私は思うのです」と永崎所長は語る。

原子力が2030年にゼロになる場合、電気を使う人（国民）が払う毎月の電気料金は、今の平均9900円から1万4000～2万円に膨れ上がるという。電気料金が跳ね上がり、ソフトバンクや中国メーカーが儲かるのではやっていられない。

3年後には、ソーラー発電の買い取り価格を見直すことが決まっている。だが、今のうちに、2012年から2015年までの3年間に参入すれば、この先20年間は42円という高価格で買い取ることは決まっている。

「先に入った方が勝ちという制度なのです。太陽光パネルが普及すれば、単価は下がっていく。つまり、先にメガソーラーに参入した企業には、どんどん儲けが出ることになる」

火力発電所と原子力発電所の構造はまったく同じ。しかし、石油火力発電のコストは原子力の2・5倍

メガソーラーを見学した後、メガソーラーに隣接している武豊《たけとよ》火力発電所2号機を訪ねた。中はボロボロであった。設立されてから40年。2年間の長期停止中だったが、昨年の大震災と原発事故を受けて、急きょ再稼働したという。こんなツギハギだらけの設

備でよく動くものだと感心した。「必要な箇所は〝肉厚《にくあつ》〟にしてあります」という所長のコトバには笑ってしまった。理科系ではない私は、配管のあちこちにツギ当てのような金属板が溶接で貼りつけてある姿に感動さえ覚えた。

火力発電所と原子力発電所の構造は、基本的にまったく同じだ。

「発電機を回す動力が違うだけなのです。ヤカンでお湯を沸かすと、先から蒸気が出ますよね。そこに風車を置けば、くるくる回る。お湯を沸かすための動力が、石油を使ったボイラーであるか、原子力であるかの違いだけなのです」

ただ、原子力と石油火力ではコストが圧倒的に違う。原子力に関しては、賠償費用、廃棄費用などを再計算して、政府の発電コスト等検証委員会が、この春に新たな発電単価を計算した。1キロワットを発電するためにかかる費用は、原子力が8・9円。石炭火力が9・5円。LNG火力が10・6円。そして石油火力が22・1円。石油火力は、原子力と比較すると2・5倍の費用がかかるわけだ。

2010年度に武豊に入港した石油タンカーは3隻だけだった。しかし、翌2011年度には、これが47隻に増えた。中部電力全体で、石油火力発電所を再稼働したことに

浜岡原発の停止で再稼働した
40歳の武豊火力発電所2号機はサビだらけだ。

（上写真）2号機のタービン建屋。動力が違うだけで構造は原子力発電所と同じだ。（下写真）設立されてからすでに40年。ボロボロで稼働すればするほど燃料代で赤字が膨らむという。石油火力は最も高くつく発電方法だ。

よって増えた燃料費は、2580億円だ。このために2011年度、中部電力は921億円の赤字決算になった。

「日本全国にある50基の原子炉が止まったままなら、余分にかかる費用は年間で3兆円です。この3兆円を電気料金に転嫁すれば2割の値上げとなる。円高、高い法人税、厳しい環境規制、さらに電気料金が2割も上がったら、企業はどんどん海外に出ていってしまいますよ。こういうことを言うと、〝脅迫するのか〟と言われるのですが……」

国の産業を考えるとき、安定的な電力の供給は必須だ。たとえば中国では、国全体の電力総需要は1800万キロワット時だ。中国では、エネルギー自給率が93％もある。しかし、その内実はほとんどが石炭による火力発電だ。中国の沿岸部分は、暑い季節になれば、今も常に停電の危機にさらされている。

「今、日本は石油換算で、1人あたり年間3・7トンの油を使っています。全世界の平均が1・8トンです。中国は、その平均に近づく1・7トンです。〝BRICS《ブリックス》〟（新興5大国）だと、ブラジルが1・2トン。インドが0・6トン。それに対して、アメリカは7トン。カナダは7・5トンです。インドや中国が、日本と同じ3・7トンのエネルギーを消費するようになれば、世界中でエネルギーは足りなくなる。だからこそ、エネルギー問題は真剣に考える必要があるのです」

電力会社は悪役にされてもなおエネルギーの確保に必死なのだった。

エネルギー代が今後高くなることは確実だ。そしてメガソーラーの太陽光パネルが普及すれば、ソフトバンクなどの企業だけが買い取り制度で儲かる。そのために国民の電気代が高くなる。

この事態に備えるためにも、自衛の方策として家庭用の太陽光パネルを取り付ける必要がある。

太陽光発電は家庭用ソーラーであれば問題はない。しかしメガソーラーはあと3年で政策転換する。メガソーラーへの〝ワル〟の参入組が今は多い。だが買い取り価格がどんどん下がってゆくから、儲けが出なくなる。3年すれば人気がなくなるだろう。

ソーラーでは、たいした量の電力は作れないことがはっきりしてきた。

第8章

個人備蓄をしたものが生き残る

金、実物資産……。徹底的に実物を備えよ

軽井沢、日光中禅寺湖、熱海……。避暑地が存在した本当の理由

「避暑地」とは何か？　なぜ、「避暑地」には大金持ちたちの別荘があるのか。なぜ「避暑地」というものができたのか。ここには大きな秘密がある。この秘密は今もあまり知られていない。

人類の歴史は、疫病、病原菌との戦いであった。明治（1868年から）になって、ドイツ、フランス、イギリス、オランダ、アメリカなどの西洋諸国から日本にやって来た、宣教師と大商人と外交官たちがいる。彼らは夏の間の7、8、9月は東京にいなかった。彼らは一体どこに行って暮らしていたのか。そうだ、彼らは避暑地にいた。なぜか。この「避暑」という言葉を日本人は大きく誤解したまま使って現在に至っている。「避暑」とは、暑いからそれを避けるために高原や海や川のある地に行くというだけのことではない。彼らは病原菌を避けるために行ったのである。

もっと端的に言うと、結核（チューバクロシス）である。戦前は結核は不治の病だっ

た。どんなヨーロッパの大金持ちたちの一族にとっても、結核は逃げられない死の病気だった。

ストレプトマイシンとかの抗生物質ができるまでは、罹患《りかん》したらばたばたと死んだ。大金持ちの家ほど、その家族の中から一人でも結核患者が出たら大変だったろう。その者を大きな家の中で隔離しなければいけない。結核患者はゴホンゴホンと激しい咳をして肺から血を吐きながら死んでいく。大きな不幸が家族の中に生まれる。

だから、外国からやって来た特権的な外交官と貿易商人と宣教師たちは、この恐ろしい病原菌を避けるために、つまり結核の菌を避けるために、日光の中禅寺湖のほとりや長野の軽井沢を自分たちで開拓した。それから、熱海、そして八ヶ岳を開発した。彼らは、夏になるとこれらの避暑地へ行って、そこでずっと過ごした。なかなか帰ってこなかった。

彼らを見習った日本の最高権力者たちや大金持ちたちも、外国人の真似をして避暑地に別荘を作って逃れていった。夏の間は都会にはいなかった。初代の内閣総理大臣である伊藤博文は神奈川県の大磯に滄浪閣《そうろうかく》を建てて暮らした。旧東海道沿いで、洋館づくりの豪勢な屋敷の向こうは湘南の浜辺であった。それから山縣有朋《やまがたありとも》が小田原に古稀庵《こきあん》を作った。ベルサイユ会議（1919年）に全権大使として出席した西園寺公望《さいおんじきんもち》は坐漁荘《ざぎょそう》を、静岡県の清水港の隣に建て、そこで死んだ。そういう所に権力者たちがそれぞれ割拠した。

だから彼らは、病原菌、結核菌を避けるために、夏の間は東京にいなかった。熱海はオールコック英国大使（全権公使《スペシャルエンボイ》）が滞在し、伊藤博文と日本で初めての電話機で連絡を取り合っていた。だから、ただ避暑地に遊びに行きましたという甘い話ではない。

この病原菌の問題が解決したのは、実は冷蔵庫の発明と普及のおかげである。それ以前は生《な》ま物はすぐに腐《くさ》るから、その日のうちに食べるしかなかった。魚であれば干物にするしかない。大金持ちの家であれば、高いお金を払って氷を買ってきて溜めておく氷《ひ》室《むろ》があった。P100の「蔵《くら》の思想」のところでも書いた。氷室の石室の中で大きな氷が少しずつ溶けて小さくなりながらも、保冷の機能を果たした。アメリカのGE《ジーイー》（ジェネラル・エレクトリック）社が電気冷蔵庫を発明した。1911年のことである。GEは今では原発メーカーの親玉（ただし、実際に作るのは、日本の日立、東芝、三菱重工である。彼らはＧＥの下請けのように振るまう）である。しかしＧＥは本当はトーマス・エジソンが重役をしていて大きくなった電機会社である。エジソンはエジソン財閥になることはできなかった。それでＧＥの名前になっている。世界最大の電機メーカーである。その基礎を築いたのはまさしく、冷蔵庫、冷凍庫である。ＧＥ社の冷蔵庫は50年間使い続けても壊れないほど頑丈で有名だった。

ＧＥ社がつくった電気冷蔵庫が、日本でも金持ちの家で使われ始めた。これではじめて、病原菌が死んだ。ものが腐らなくなったからだ。だから冷蔵庫、冷凍庫はこの本でずっと書いてきたとおり重要なのである。

フランスでもパン屋さんで買うバゲットは、夕方になれば固くなって食べられない。買った朝のうちに食べなければいけない。日本でいえばかつての豆腐屋さんである（今もある）。豆腐は、朝買っても夕方には酸っぱくなって、もう夜には食べられなかった。だから毎朝、おナベを持って豆腐を買いに行ったのだ。それが、戦後はだんだんと冷蔵庫が一般庶民にも行きわたった。

松下電器（現・パナソニック）の〝三種の神器〟（テレビ、洗濯機、冷蔵庫）が、1950〜60年代の輝ける日本の高度成長経済の象徴である。これで病原菌の問題が大きなところから解決したのである。冷蔵庫のおかげで、大金持ちたちの避暑地の文化がなくてもよいものになった。このあと徐々に、軽井沢や熱海や日光に、富裕層が家族を連れて集団疎開する必然がなくなったのである。

打ち捨てられたバブルの別荘地に二つ目の家を買う

昨今、日本の大金持ちたちは海外に逃げているようだ。どんどんカナダ、ヨーロッパ、オーストラリア、そしてアジア諸国に移り住んでいる。数年かけて海外に逃げる準備をしてきたし、現に大地震と放射能に過剰に恐怖を感じてからは、本当に海外に逃げようとしている。フランスやカナダ（バンクーバー）、シンガポール、マレーシアにである。マレーシアは金融逃避のための国でもある。相続税がゼロ（無税）の国であるからだ。タイ、シンガポールも相続税がない。知っておくべきことである。

しかし、日本の中金持ちや小金持ちは、容易には海外に逃げられない。億という単位の資金、資産が必要だからだ。だから、**中金持ちと小金持ちたちこそ、全国各地に打ち捨てられている、かつての分譲別荘地に今こそ向かうべきである。**別荘地に中古の家を買って、**個人備蓄の城**を作るべきなのだ。かつてのバブル（1992年まで）の別荘地にである。そういった土地の価格は、今も下がっているし、これからもどんどん下がる。そこにもうひとつ別の備蓄の拠点（要塞）を築くべきだ。今や見向きもされず忘れ去られた「避暑」の本当の意味を理解すべきだ。そして災害や、戦争や、経済恐慌が襲いかかってくる時のために、いろいろな「実物」を備えた自分の城を作るのである。

軍事用語で“Logistics《ロジスティクス》”（兵站《へいたん》）という言葉がある。どんなに強く最新の装備を備えた軍隊であっても、物資や燃料の補給、移動、また兵員の衛生面までも整備していなければ、戦闘と戦争には勝てない。この「兵站」を個人でも考える必要が出てきている。自分のために自力で補給する。いざ、という時のために、その方法をあれこれ本気になって考えないといけない。そのために私はこの本を書いた。

今は、物流（流通産業）が発達し、コンビニ、スーパーマーケット、宅配便が全国津々浦々まで広がっている。逆に日本ではこれらが過剰供給になっている。消費者の需要と欲望に応えることをやり過ぎた。きっとしっぺ返しを食うだろう。これらのあまりに便利になり過ぎた物流が、ある日突然、バッタリと途絶えた時に、私たちは新たなる飢饉《ききん》の時代を迎えるのである。それは天罰とも言えるものである。

「備えあれば憂《うれ》いなし」というコトバ（警句）は今も私たちの体に残っている。しかし、一体どれだけの人が、このことを本気で考えているか。日々の生活に追われ毎月の収入でようやく暮らしが成り立っているような人々（これをサラリーマン階級という）には、「いざという時のための準備、備蓄」など、実際上できないのである。私はここまで厳しいことを書く。だから、この「個人備蓄のすすめ」は小金持ち層のみなさんに向けての本だ。

ふと思い起こしたが、私は元外交官の佐藤優氏と対談本を2冊出版した（『暴走する国家　恐慌化する世界』日本文芸社、2008年刊と、『小沢革命政権で日本を救え』日本文芸社、2010年刊である）。その本の中でも、佐藤優氏が語っていた。

中央アジアのコーカサス地方にあるグルジア共和国では、住民は自分の大きな家の地下に食料を何年分も貯蔵、確保しているそうだ。瓶詰め、ピクルス、干し肉や干し魚などあらゆる食料を備蓄している。だから、戦争が起きても町に買い物に行かずに数ケ月は耐えられる、と。

日本人は、今こそ、日本人のＤＮＡのなかにも残っている「いざという時のための備蓄」という知恵を思い出して、危機に備える態勢を自力で築かなくてはいけないのである。

あとがき

この本『個人備蓄の時代』を私が書こうと思ったのは、冒頭で書いたとおり、避難所（小中学校の体育館のこと）なんかに何日も居れるものではない、と自分の体で味わったからである。

そのためには災害に備えてもう一軒、自宅とは離れた土地に別の家を買って、そこにいざという時のための〝個人備蓄の城〟を築かなければいけないと強く感じたからだ。

それだけのことをするには、それなりの資金と生活の余裕が必要である。

私はこの半年間、個人備蓄を目指す人々が、一般国民が、自分で手に入れることのできる技術《テクネ》と知恵《ウィズダム》を調べて集めた。こんなものしか集められなかった。しかし大事なことは、自分に出来る限りのことをすることだ。出来もしないことを、高望みしてやろうと思うのは間違いである。大災害（大地震）と恐慌（経済危機）と戦争（軍事衝突）が迫りくることを心配して、ビクビクして生きる、というのは愚の骨頂である。

備える（準備する）だけのことをやって、そして安心すべきである。

人に頼らない。政府（行政）にも頼らない。どうせ、いざという時には誰も人のことなど構っていられない。**自分のことは自分でやるしかないのだ。**自分に出来るだけのことをするしかない。それで十分である。

この本を書くに当たって、ライターの金泰嶺《キムテエリョン》氏にいろいろ取材・調査先を回ってもらった。自分でも極力、取材先を訪れた。そして勉強をした。

光文社出版企画部の米澤仁次部長と田尾登志治副部長にお世話になりました。記して感謝します。

２０１２年９月

副島隆彦

【著者紹介】

副島隆彦（そえじま　たかひこ）

評論家。副島国家戦略研究所（SNSI）主宰。1953年、福岡県生まれ。早稲田大学法学部卒業。外資系銀行員、予備校講師、常葉学園大学教授を歴任。政治思想、金融・経済、社会時事評論などさまざまな分野で真実を暴く。「日本属国論」とアメリカ政治研究を柱に、日本が採るべき自立の国家戦略を提起、精力的に執筆、講演活動を続けている。タブーを恐れない歯に衣着せぬ発言で、カリスマ的な人気を誇る。主な著作に『「金・ドル体制」の終わり』（祥伝社）、『中国は世界恐慌を乗り越える』（ビジネス社）、『欧米日やらせの景気回復』（徳間書店）、『ロスチャイルド　200年の栄光と挫折』（日本文芸社）、『隠された歴史　そもそも仏教とは何ものか？』（PHP研究所）などがある。

[ホームページ　副島隆彦の学問道場]
http://www.snsi.jp/

個《こ》人《じん》備《び》蓄《ちく》の時《じ》代《だい》

自衛自活の“要塞”を築け！

2012年10月20日　初版第1刷発行

著　者　　副島隆彦《そえじまたかひこ》
発行人　　佐藤 均
発行所　　株式会社 光文社
〒112-8011　東京都文京区音羽1-16-6
電話　出版企画部　03(5395)8143
　　　書籍販売部　03(5395)8113
　　　業　務　部　03(5395)8125
URL　光文社　http://www.kobunsha.com/
落丁・乱丁本は業務部へご連絡くだされば、お取替えいたします。

ブックデザイン　髙橋秀幸（凸版印刷TANC）
印刷所　凸版印刷株式会社
製本所　ナショナル製本

ISBN978-4-334-97718-4